はじめに これだけは知っておきたい!!

社会福祉法人会計の「基本」

公認会計士
馬場 充 著

公益財団法人 公益法人協会

はじめに

　ここ数年、社会福祉法人会計の研修依頼を受けることが多くなりましたが、研修に参加される皆さんは「会計業務ははじめて」という方や「会社で経理経験はあるけれど、社会福祉法人会計ははじめて」という方が多く、皆さん口をそろえて「社会福祉法人会計は細かくてわかりにくい」「無駄なことが多いと思う」「決算書も多くて大変」とおっしゃいます。

　皆さんに共通している悩みは、「会計担当になったけど、周りに相談できる人もいないし、まず何から始めればいいのかわからない」「どうしてこのような会計処理をするの？」「どうして決算書を3種類も作るの？」「決算書を作ったけど見方がわからない」というものです。

　研修では、社会福祉法人会計の理屈やどうしてそのような処理が必要になるのかを説明しますが、研修を聴いていただいた後には「いままでよく理解せずに前任者の処理を真似していたけれど、会計処理の意味がはじめてわかった。腑に落ちた。」といっていただけますし、会計の仕事に自信を持っていただけたように感じます。

　そうした経験から、社会福祉法人会計がはじめてという方に「どうして、そういう処理をするのか」「どういう意味があるのか」社会福祉法人会計の理屈を理解してもらえるような入門書を執筆したいと思うようになりました。会計でつまずいてしまうのは“はじめの一歩”をうまく踏み出せていないからです。

　本書は、社会福祉法人会計をはじめて担当する方が疑問に思うことを各節の見出しにして、その疑問に答えるように構成しました。どうぞ本書を手にとって、皆さんが疑問に思っている項目から読み始めてください。

社会福祉法人会計のルールは細かく、本書ですべてを網羅することはできませんが、「第1章　社会福祉法人って何？」から「第12章　決算書をみてみよう」まで幅広いテーマにわたり、各章とも、はじめにこれだけは知っておきたい基本的な内容にしぼって解説をしています。

　経理ははじめてという方には、社会福祉法人の会計実務を理解していただけるように、「第7章　決算書を作るまでの流れ」から「第11章　決算手続って何？」にかけて、仕訳の作成から決算書の作成まで簿記一巡を解説しております。

　また、会計の目的は、決算書によって財務状態を理解することですから、入門書ではあるものの、決算書を読みとる力が身につくように解説をしております。

　理事、監事および会計責任者ならびに制度改革により必置機関とされた評議員会の評議員として、社会福祉法人の決算書を理解しなければならなくなった皆さんや社会福祉法人の指導検査をはじめて担当する行政職員の皆さんにも、社会福祉法人会計の"はじめの一歩"を踏み出すときの入門書として活用していただければ、大変うれしく思います。

　最後になりましたが、原稿の作成にあたって的確なアドバイスをくださった公益法人協会の柴崎順也氏にお礼を申し上げます。

2017年6月

公認会計士　**馬場　充**

目 次

はじめに

第1章　社会福祉法人って何？

1　社会福祉法人って何だろう？　3

2　社会福祉法人は何をやっているの？　5

3　どうして社会福祉法人制度が作られたの？　7

4　社会福祉法人制度改革って何？　9

5　財務情報の開示って何だろう？　13

第2章　会計って何？

1　会計って何だろう？　17

2　社会福祉法人会計の目的は何だろう？　19

Column　事業活動計算書って損益計算書なの？　21

3　支出・収入・収支差額って何だろう？　22

4　資金収支をみてみよう　24

5　資産・負債・純資産って何だろう？　26

6　財産状態をみてみよう　28

7　費用・収益・増減差額って何だろう？　30

8　事業活動計算をみてみよう　32

第3章　資金収支計算書って何？

1 支出科目って何だろう？　37

2 収入科目って何だろう？　42

3 資金収支の区分をみてみよう　47

4 当期末支払資金残高って何だろう？　53

第4章　貸借対照表って何？

1 資産の科目って何だろう？　57

2 負債の科目って何だろう？　60

3 貸借対照表の区分をみてみよう　63

Column 流動比率　66

第5章　基本金・国庫補助金等特別積立金って何？

1 基本金って何だろう？　69

2 国庫補助金等特別積立金って何だろう？　71

Column 基本金の組み入れ・国庫補助金等特別積立金の積み立てを忘れるとどうなるの？　74

第6章　事業活動計算書って何？

1 費用の科目って何だろう？　77

Column 費用と支出はどこが違う？　81

2 収益の科目って何だろう？　82

3 事業活動計算の区分をみてみよう　86

Column どうして採算がとれているかは事業活動計算書でみるの？　90

目次

| Column | 人件費が高いのはいい法人でしょうか？　91 |

第7章　決算書を作るまでの流れ

1　決算書を作るにはどうするの？　95
2　決算書作成までの流れをみてみよう　97
3　会計取引って何だろう？　98
4　仕訳って何だろう？　100

第8章　仕訳をしてみよう

1　会計取引を原因と結果に分けよう　105
2　仕訳のルールって何だろう？　109
3　仕訳の作成手順をみてみよう　113
Column　仕訳のはじめの一歩は現金です　114
4　資産が増加あるいは減少する仕訳　115
5　負債が増加あるいは減少する仕訳　123
6　資産・負債・純資産・費用・収益の結びつき　127
7　資金収支の仕訳　130
8　資金って何だろう？　131
9　資金収支の仕訳のルールって何だろう？　134
10　資金収支仕訳の作成手順をみてみよう　136
Column　財務システム利用時の会計の流れ　137
11　資金が増加する仕訳　138
12　資金が減少する仕訳　142
13　仕訳と資金収支仕訳を作成しよう　149

第9章 帳簿と試算表って何？

1 帳簿って何だろう？　153

2 元帳への転記をみてみよう　155

3 試算表って何だろう？　159

4 資金収支元帳と資金収支試算表を作ろう　163

第10章 減価償却って何？

1 減価償却って何だろう？　173

2 減価償却の方法（定額法）　175

3 減価償却と固定資産の残高　177

4 減価償却の仕訳をみてみよう　179

5 補助金をもらった資産の減価償却って何だろう？　182

6 減価償却費から差し引く補助金の算定方法　184

7 補助金の事業活動計算書の表示　185

8 補助金の取崩の仕訳をみてみよう　187

第11章 決算手続きって何？

1 決算手続きって何だろう？　191

2 主な決算整理仕訳をみてみよう　192

3 決算書を作ってみよう　207

第12章 決算書をみてみよう

1 資金収支計算書をみてみよう　221

2 事業活動計算書をみてみよう　228

3 貸借対照表をみてみよう　233

目 次

おわりに

参 考：仕訳の INDEX

「取引例」(1)	普通預金の増加と借入金の増加	101
(2)	車両の増加と現金の減少	106
(3)	電話代の発生と現金の減少	106
(4)	職員給食収益の発生と現金の増加	107
(5)	普通預金の増加と現金の減少	115
(6)	現金の増加と収益の発生	116
(7)	費用の発生と現金の減少	117
(8)	未収補助金の増加と収益の発生	118
(9)	普通預金の増加と未収補助金の減少	119
(10)	前払費用の増加と普通預金の減少	120
(11)	費用の発生と前払費用の減少	121
(12)	費用の発生と事業未払金の増加	123
(13)	事業未払金の減少と普通預金の減少	124
(14)	普通預金の増加と職員預り金の増加	125
(15)	小口現金の増加と普通預金の減少	135
(16)	現金の増加と収入の発生	138
(17)	未収補助金の増加と収入の発生	139
(18)	設備資金借入金収入と普通預金の増加	140
(19)	事務消耗品費支出の発生と小口現金払い	142
(20)	給食費支出の発生と事業未払金の増加	143
(21)	前払費用の増加と普通預金の減少	144

(22) 支出の発生と前払費用の減少　145

(23) 車の購入支出とその他未払金の増加　146

(24) 設備資金借入金の返済支出と普通預金の減少　147

(25) 寄付金の受入による現金の増加　149

(26) 給食材料の購入による事業未払金の増加　150

(27) 減価償却費の計算　176

(28) 車両の減価償却　179

(29) 建物の減価償却と補助金の取崩　187

(30) 事業未収金の増加と収益の発生　193

(31) 固定資産の廃棄による固定資産の減少　194

(32) 賞与引当金の繰入れ　197

(33) 設備資金借入金の１年基準の適用　199

(34) 積立資産の積み立てと普通預金の減少　200

(35) 積立金の積み立て　202

(36) 積立資産の取崩しと普通預金の増加　203

(37) 積立金の取崩し　205

第1章 社会福祉法人って何?

1 社会福祉法人って何だろう?

2 社会福祉法人は何をやっているの?

3 どうして社会福祉法人制度が作られたの?

4 社会福祉法人制度改革って何?

5 財務情報の開示って何だろう?

1

社会福祉法人って何だろう？

▶社会福祉法に基づく社会福祉事業（社会福祉法第2条）を行うことを目的とした法人です。

　社会福祉法人は、社会福祉法に基づく社会福祉事業（社会福祉法第2条）を行うことを目的とした法人です。社会福祉事業の種類は次節で説明しますが、各事業に共通しているのは、「社会的な弱者の生活を支える（支援する）事業」であることでしょう。

　社会福祉法人は入所者（利用者）の生活を支えるために、土地、建物等の不動産や事業運営に必要な機器等を保有し、施設の入所者あるいは事業所の利用者の生活が続く限り維持することが求められます。

　また、株式会社のように株主の利益を最大化するような、すなわち株主の意向に沿った経営をするのではなく、入所者（利用者）の生活を支えることを第一の目的として、施設（事業所）を長期継続的に運営することが求められます。

株主の利益を最大化する観点であれば、不採算が続く事業所は閉鎖することが合理的ですが、入所者（利用者）の生活を支える観点からは、施設（事業所）の閉鎖・移転は避けられなければなりません。

　ここに社会福祉法人としての事業運営の特徴、運営責任の特徴がみられます。

2

社会福祉法人は何をやっているの？

▶主には社会福祉事業を実施し、そのほかに
公益事業、収益事業を実施します。

　社会福祉事業として、主なものに保育園の運営、特別養護老人ホーム
の運営、デイサービスセンター、ホームヘルパー事業の運営、障害者の
生活を支援する事業、障害者の就労を支援する事業、作業所等があげら
れます。
　社会福祉法第2条に社会福祉事業の種類が列挙されています。

　社会福祉法人は、この他に社会福祉と関係のある公益を目的とした事
業をおこなうこともあります。
　主なものに介護保険事業のケアプラン作成事業（居宅介護支援事業）、
老人保健施設、診療所等があります。

　また、利益をあげるために収益事業をおこなうことも認められます。
収益事業の利益は社会福祉事業あるいは公益事業のために活用します。

収益事業をおこなう法人は少ないのですが、たとえば、駐車場の貸付事業、福祉用具の販売事業等をおこない、事業であげた利益を社会福祉事業に活用する法人もあります。

3

どうして社会福祉法人制度が作られたの？

▶国民の権利を国が保障するためです。

　憲法第25条（生存権の保障）に、①国民が健康で文化的な最低限度の生活を営む権利を有すること、②国が社会福祉、社会保障および公衆衛生の向上および増進に努めなければならないことが定められています。

　この権利を保障するべく、民間の福祉事業者に補助金を交付し、施設（事業所）の整備をすすめようとしましたが、憲法第89条において公金の支出禁止が定められているため、民間の福祉事業者に公金を支給できませんでした。

　そこで公共性の高い社会福祉事業を限定列挙し、その事業を行う法人として社会福祉法人を創設し、公の支配に属する形態をとり、公金を支出して、施設（事業所）の整備がすすめられました。

社会福祉法人は、公金の支出規制から、事業開始後も法人運営、入所者（利用者）処遇、会計・経理、資金の使途に関して行政の指導を受けつつ、公の支配下にある法人として法人・施設（事業所）の運営がすすめられてきました。

社会福祉法人制度改革って何？

▶法人の自己規律を要請し、多様化する地域福祉ニーズに応える法人に移行することを促す改革といえます。

　社会福祉法人制度改革は「経営組織のガバナンスの強化」「事業運営の透明性の向上」「財務規律の強化」を柱として次頁の一覧にある施策がとられました。

　社会福祉法人制度改革は、法人の自己規律を要請し、多様化する地域福祉ニーズに応える法人に移行することを促す改革であると考えられます。

　また従来より、社会福祉法人は、法人運営、入所者処遇、会計・経理に関して行政指導を受けており、公の支配化にある法人として行政指導を通じて、法人運営の透明性が確保されてきましたが、今後は、社会福祉法人のガバナンスの強化、情報公開の拡充によって法人運営の透明性を向上することが要請されていると考えられます。

平成 29 年度以降の社会福祉法人制度改革の概要

・経営組織のガバナンスの強化
評議員会（議決機関）の必置
理事・監事等の権限・責務・責任の明確化
一定規模以上の法人に会計監査人監査の導入
・事業運営の透明性の向上
閲覧対象書類の拡大
閲覧請求者を国民一般へ拡大
（閲覧対象書類） 定款、事業計画書、事業報告書、財産目録、貸借対照表、収支計算書（事業活動計算書・資金収支計算書）、監事の意見を記載した書類、現況報告書、役員区分ごとの報酬総額、役員報酬基準
（公表書類） 定款、貸借対照表、収支計算書（事業活動計算書・資金収支計算書）、現況報告書、役員区分ごとの報酬総額、役員報酬基準
・財務規律の強化
適正かつ公正な支出管理の確保
内部留保の明確化
社会福祉事業等への計画的な再投資

　社会福祉事業をおこなう施設（事業所）は、自治体の地域福祉計画に沿って整備されますが、新規に施設（事業所）を創設する際、法人を新たに設立することもありますが、すでに実績がある社会福祉法人が引き受けることもあります。

　また、入所者（利用者）のライフサイクルやステータスの変化、家族の高齢化やステータスの変化に応じて、新たな施設（事業所）が必要になり、新規に施設（事業所）を創設することもあります。

第1章　社会福祉法人って何？

　近年、社会福祉法人の中には、新規に施設（事業所）を整備し続けた結果、大規模化・多事業化した法人もあらわれるようになりました。

　このような法人においては、世代が異なり、知識・経験も異なる職員が多数従事することになり、法人のトップである理事長の考え、法人の運営方針、法令遵守の徹底、社会福祉法人としての社会福祉事業の運営責任等をすべての役職員に伝え、共有することが新たな課題となります。

　また、法人のトップが直接、法人の業務全般に目を配ることも難しくなります。重要な業務は適時に漏れなく理事会・理事長が意思決定する一方で、施設長等に職務権限を委譲することで、効率的に法人運営をすすめることも課題となります。

　個別ケアがすすみ、各社会福祉法人は利用者のニーズに応え、利用者の生活を向上してきましたが、その分、事業者の負担は高くなり、エビデンス（記録）等の間接業務の負担も高くなりました。
　リスク管理の観点から、必要な人員も増え、すべての法人にとって人材確保が課題となっています。

　都心部では、入所（利用）希望者が後を絶ちませんが、職員を確保できないために、入所（利用）を抑えなければならず、施設（事業所）の規模に見合った収入をあげられない事業所もあらわれています。
　一方、地方部では、世帯構成の変化から入所（利用）希望者が施設（事業所）の定員を割る地域もあり、施設（事業所）の規模に見合った収入をあげられない事業所もあらわれています。

社会福祉法人の経営環境を概観すると、収入は公定価格であり法人の裁量が働きません。また、ほとんどの事業に定員があり、各事業所であげられる収入には上限があります。

　一方、支出の大半は人件費ですが、人材確保は外部経営環境の影響を強く受け、景気が良くなると人材の流出が起きやすく、人材不足によって定員割れになる悪循環となります。

　このような経営環境の下で、施設整備資金のほとんどを借入金に依存すると、借入金の返済負担が高くなります。施設の定員に見合った収入をあげられれば良いのですが、定員割れを起こすと収入が減り、借入金の返済に窮することになりかねません。

　法人の財務状況等を見極めながら、法人運営をすすめることが必要です。

　財政面では施設（事業所）の定員（規模）に見合った収入を上げているか、資金繰りや財政状態などを適時に把握し、打つべき手を打てるようにすることも課題となります。

　そのため法人内部管理において、会計情報の重要性が高まっているところです。

5

財務情報の開示って何だろう？

▶「社会福祉法人の財務諸表等開示システム」に
よって法人の決算情報の集計・分析・公開を
すすめるものです。

今般の社会福祉法人制度改革において、計算書類の公表が法定化され
ましたが、決算書の情報開示に関しては、「社会福祉法人の財務諸表等
開示システム」の運用によって、すべての社会福祉法人が同じインター
フェースに事業所ならびに法人全体の決算情報を入力することで、法人
間の財務状況の比較、同種事業の事業所間比較が容易になる予定です。

社会福祉法人の決算書も、今後、アナリストの調査研究の対象となり、
アナリストが分析した社会福祉法人の財務状況に関するレポートを一般
の人々が利用・閲覧することも考えられます。

法人の決算情報の「見える化」により、事業運営の透明性の向上をは
かるものです。

各法人には、誤った決算書を公表して、法人の財務状況に関して誤解
を与えることのないよう、法人の実態をあらわした正しい決算書を作成
することが求められます。

第2章 会計って何？

1 会計って何だろう？

2 社会福祉法人会計の目的は何だろう？

3 支出・収入・収支差額って何だろう？

4 資金収支をみてみよう

5 資産・負債・純資産って何だろう？

6 財産状態をみてみよう

7 費用・収益・増減差額って何だろう？

8 事業活動計算をみてみよう

1

会計って何だろう？

▶お金にかかわる出来事を説明することです。

　第1章において、法人の財務状況等を見極めながら法人運営をすすめる必要があり、会計情報の重要性が高まっていること、財務情報の開示にあたり、法人の実態をあらわした正しい決算書を作成する必要があることを解説しました。

　本章では、そもそも「会計とは何か？」「社会福祉法人会計の目的は何か？」を解説し、さらに社会福祉法人の決算書から何がわかるのか、その概要をみることにしましょう。

　会計とは、お金に関すること。「お金にかかわる出来事を資金提供者に説明すること」といえます。
　学校のPTA、クラブ、サークル等では会員等から、集めたお金と行事に使ったお金・使った内容を記載して収支報告書を作成しますが、こ

17

の収支報告書も、「お金にかかわる出来事を説明」していますから、会計のひとつです。

　これらの「会計」に共通していえるのが、お金を提供した人にたいして、「お金を使った内容といくら使ったか」、また「残金がいくらあるか」を報告しているという点でしょう。

　「お金を提供した人」と「お金を受け取り管理する人」が分かれるときは、お金を管理する人は、使った内容と使った金額を記録し、残金を計算して報告します。
　お金を提供した人は、報告をみて、「お金を集めた目的通りに使っているな」「無駄なことに使っていないな」「自分が提供したお金が役に立っているな」ということを知ります。

　社会福祉法人の会計も基本的な考え方は同じです。

　社会福祉法人には、介護保険料、税金等を財源とした公金が提供されているので、社会福祉法人会計は、どのような収入をいくら受け取ったか、何にいくら使ったか、お金に関する出来事を説明します。

　社会福祉法人は、社会的弱者の生活を支援する事業を継続的におこないますので、土地、建物、設備など長期間にわたって使用する財産も保有します。
　これらはお金を使って得た財産ですが、社会福祉法人の会計では、こうしたお金以外の財産の残高も報告します。

2

社会福祉法人会計の目的は何だろう？

▶決算書を作り、資金収支の内容、財産の状態、
純資産の増減の内容を説明することです。

　前節において会計は、お金にかかわる出来事を説明することであり、
社会福祉法人の会計も基本的な考え方は同じであると説明しました。
　では、社会福祉法人会計は、お金にかかわるどのような出来事を説明
するのでしょうか。続いては、社会福祉法人会計の目的をみていきま
しょう。
　社会福祉法人会計の目的は、

① 社会福祉法人の資金収支の内容を明らかにする
② 社会福祉法人の財産の状態を明らかにする
③ 社会福祉法人の純資産の増減の内容を明らかにする

の3つです。

そして、この目的を達成するために、

> ① 資金収支計算書
> ② 貸借対照表
> ③ 事業活動計算書

という3種類の「決算書」を作成します。

　決算書は"法人の健康診断書"と呼ばれます。
　みなさんが健康診断を受けて、健康診断書によって身体の状態を知るのと同じように、法人は決算書を作って、法人の健康状態を知ります。みなさんが健康でなければ、楽しく仕事や遊びに打ち込めないように、法人も健康状態を維持しなければ、事業を続けられなくなります。

　社会福祉法人では、1年に1回（毎年4月1日〜翌年3月31日）決算書を作ります。

　この3つの書類によってお金に関する出来事を説明するわけですが、説明する内容は、それぞれ異なります。詳細は後で説明しますが、一言で言うと以下の通りです。

> ① 資金収支計算書：事業で受け取ったお金がいくらか
> 　　　　　　　　　　何に、いくらお金を払ったか
> ② 貸借対照表　　：財産がどれだけあるか
> ③ 事業活動計算書：事業にいくらかかったか
> 　　　　　　　　　　事業で得たお金で足りたか

①は本章第3節および第4節にて概要を、第3章において詳細を解説します。

②は本章第5節および第6節にて概要を、第4章および第5章において詳細を解説します。

③は本章第7節および第8節にて概要を、第6章において詳細を解説します。

Column

事業活動計算書って損益計算書なの？

「事業活動計算書は、企業会計における損益計算書に相当する」とよく説明されます。確かに両者は似ていますが、会計の目的である「お金にかかわる出来事の説明」という点では、大きく異なります。

事業活動計算書は、事業を実施するのにいくらお金がかかったかを説明することが第一の目的です。その上で、事業で得たお金で足りているのか、それとも不足しているのか説明します。知りたい情報は「事業にいくらお金がかかるのか」「お金が足りているのか、不足しているのか」ですから、まさに事業活動の結果を説明する決算書ですね。

一方、損益計算書は、「いくら利益をあげたか」「どうやって利益をあげたか」を説明することが目的であり、両者の会計の目的は異なります。

3

支出・収入・収支差額って何だろう？

▶事業のためにいくらお金を支払ったか、事業によっていくらお金を入金したかをあらわします。

　社会福祉法人は、資金収支の内容を明らかにするために、資金収支計算書を作成しますが、当該計算書において、収入・支出・収支差額の項目が示されます。本節で各項目の内容を説明しますが、先ず「支出」から説明します。社会福祉法人は事業の実施を目的にした法人であり、会計報告も事業の実施にいくらお金を使ったかが、重視されます。資金提供者が最も知りたいのは、「何にいくらお金を使ったか」であり「支出」が重視されるからです。

支出とは
　支出とはいくらお金を支払ったか

　具体的には、給与の支払い、家賃の支払いなどです。固定資産を購入したときに支払ったお金も支出に含まれます。

22

第2章　会計って何？

収入とは
収入とはいくらお金が入ったか

具体的には、サービス提供による利用料金の受入や補助金等の受入です。

収支差額とは
収支差額とは収入と支出の差額

収入から支出を差し引いて収支差額を算定します。

収入＞支出のときは、収支差額がプラスになり、お金が増えます。資金提供されたお金が余っているという見方もできます。

逆に、支出＞収入の時は、収支差額がマイナスになり、お金が不足していますから、貯めてきたお金（繰越金）が減ります。

支払ったお金と入ったお金を比べて、いくら残ったかを計算するという点で、家計簿やお小遣い帳と似ていますが、収入には今後の入金を含み、支出には今後の支払を含むという点で異なります。したがって、収支差額は、お金がいくら残るか、今後の見込みを表します。

支出	収入
お金が増える・お金が余っている ↕	

支出	収入
	↕ お金が減る・お金が足りなくなる

23

資金収支をみてみよう

▶資金収支計算書は、収入、支出、収支差額を一覧表にして資金収支の内容を明らかにした書類です。

　資金収支計算書は、「社会福祉法人の資金収支の内容」を説明する書類ですが、まずは、勘定科目を抜きにした資金収支の設例によって、何がわかるかみてみましょう。

　(社福) 甲における資金収支を予算と比べてみましょう。

(社福) 甲の資金収支計算書

	予算	実績	差異
収入	300	300	0
支出	290	295	△5
収支差額	10	5	5

　前節にならって「支出」からみると「実績」が295であり、お金の支払総額が295であったことがわかります。これに対して「収入」の「実

第2章　会計って何？

績」が 300 であり、収入＞支出ですから、お金が足りていることがわかります。

　「実績」をみることで、資金収支の内容は明らかになりますが、この実績が、果たしてうまくいった結果であるのか、それともうまくいっていない結果であるのかは、「実績」だけ見てもわかりません。

　社会福祉法人は、事業年度がはじまる前に事業計画を立て、事業計画に基づいて資金収支予算を立てます。

　資金収支予算によって「支出はこれくらいかかるだろう」「支出はこれくらいを目標にしよう」といった計画を立てます。同様に「収入はこれくらい入ってくるだろう」「収入はこれくらいを目標にしよう」といった計画を立てます。そして、計画通りにいけば、「収支差額はこれくらい残るだろう」「収支差額はこれくらいを目標にしよう」と 1 年後の収支差額の見込みを立てます。

　資金収支計算書において「実績」を「予算」と比べて、予算通りうまくいったのか、予算通りにはいかなかったのか、資金収支の「実績」を評価します。

　前頁の設例では、収入は予算通りでしたが、支出は予算より 5 増えており、予算以上に使ってしまったことがわかります。

　その結果、収支差額が予算では 10 の見込みを立てていましたが、実績では 5 になり、予算に比べて 5 減っています。

　支出が予算通りにすすまなかったことから、収支差額はあったものの、予算の見込額を下回っており、計画通りにはいかなかったことがわかります。

　このときに「予算通りにすすまなかったのはどうしてだろうか？」という素朴な疑問を持つことが大切です。

5

資産・負債・純資産って何だろう？

▶社会福祉法人の財産の内容をあらわします。

社会福祉法人は、財産の状態を明らかにするために、貸借対照表を作成しますが、貸借対照表においては資産・負債・純資産が示されます。

資産とは

資産とは現金、土地、建物、権利などの財産

資産は、日常生活でもなじみがある言葉です。資産家という言葉に代表されるようにいいイメージがあります。資産はあればあっただけうれしいものです。具体的には、現金、将来に現金を受け取れる権利、土地、建物、車輌および器具備品などの財産です。

負債とは

負債とは借金など、いずれ支払わねばならない義務

第2章　会計って何？

　負債は、資産とは逆に日常生活ではいいイメージの言葉ではありませんが、法人が事業活動をする上で、必ずついてまわるものです。

　具体的には、福祉医療機構からの設備借入金や、業者にたいする支払義務などです。

純資産とは
　純資産は、資産から負債を差し引いた差額

　純資産は、資産から負債を差し引いた差額として算定されます。

資産	負債
	純資産

資産が増えると、純資産も増えます。

資産	負債
	純資産
↕	↕

負債が減ると、純資産が増えます。

資産	負債
	↕
	純資産

純資産が増えると財産が増えるため、良かったといえます。

27

6

財産状態をみてみよう

▶貸借対照表は、財産がどれだけあるか、明らかにするために資産、負債、純資産を一覧表にした書類です。

　貸借対照表は、「社会福祉法人の財産の状態」を説明する書類ですが、まずは、勘定科目を抜きにした財産状態の設例によって、何がわかるかみてみましょう。

　（社福）甲の貸借対照表を前年度と比べてみましょう。

（社福）甲の貸借対照表

	当年度末	前年度末	増減		当年度末	前年度末	増減
資産	1,000	950	50	負債	200	190	10
				純資産	800	760	40
資産計	1,000	950	50	負債純資産計	1,000	950	50

　「当年度末」の財産状態は「資産」が1,000であり、「負債」が200であることから、「資産」が「負債」を上回っていること、「資産」から「負

第2章　会計って何？

債」を差し引いた「純資産」が 800 であり、財産の状態はプラスであることがわかります。

「当年度末」をみることで、現在の財産の状態は明らかになりますが、財産状態が、「前年度末」に比べて良くなっているのか、それとも悪くなっているのかは、「当年度末」を見るだけではわかりません。

社会福祉法人の貸借対照表は、「当年度末」と「前年度末」の対比型で作成されています。資産、負債、純資産のそれぞれについて、前年度に比べて増えているのか、減っているのか「前年度末」と比べることがポイントです。

貸借対照表によって、財産の状態が前年度末に比べて良くなっているか、悪くなっているか把握します。

前頁の設例では、「資産」は 1 年間で 50 増え、資産規模が大きくなっており、昨年に比べて財産が増えていることがわかります。一方、「負債」も 1 年間で 10 増えており、負の財産も昨年に比べて増えています。

「資産」から「負債」を差し引いた「純資産」は、1 年間で 40 増えています。

「資産」の増加が「負債」の増加を上回ったため、「純資産」が前年度末に比べて増えており、財産の状態が前年度末に比べて良くなっていることがわかります。

このときに「増えた資産は何が増えたのだろう？」という素朴な疑問を持つことが大切です。

貸借対照表の詳細は、第 4 章および第 5 章において解説しています。

29

7

費用・収益・増減差額って何だろう？

▶事業のためにいくらお金がかかったか、事業によっていくらお金を得たかをあらわします。

　社会福祉法人は純資産の増減の内容を明らかにするために、事業活動計算書を作成しますが、当該計算書において収益・費用・当期活動増減差額の項目が示されます。本節で各項目の内容を説明しますが、先ず「費用」から説明します。社会福祉法人は事業の実施を目的にした法人であり、事業活動計算書は、事業実施にいくらのお金がかかったかを明らかにすることに重きがおかれるからです。

費用とは

　費用とは、事業をするのにかかったお金をいいます。

　具体的には給与などの人件費、給食材料費、水道光熱費などがあります。また、事業をするには、建物、車、器具備品といった固定資産も必要になります。こうした固定資産を使用するのにかかったお金も費用になります。

30

第2章　会計って何？

収益とは

収益とは、事業において対価として得たお金、物を販売して得たお金、補助金の受取などをいいます。

具体的には、サービス提供による収益や補助金の受取などです。

当期活動増減差額とは

当期活動増減差額とは、収益から費用を引いた差額のことであり事業活動による成果を表します。

収益から費用を差し引いて当期活動増減差額を算定します。

収益＞費用ならば、当期活動増減差額はプラスになり、純資産が増えます。事業から得られたお金で、事業にかかったお金をまかなえており、採算がとれている状態です。

逆に、費用＞収益だと、当期活動増減差額がマイナスになり、純資産が減ります。事業から得られたお金で、事業にかかったお金をまかなえていませんから、採算がとれていない状態です。

純資産が減ると財産が減るため、お金の面では、事業がうまくいかなかったといえます。

費用	収益
純資産が増加・採算がとれている ⬍	

費用	収益
	⬍ 純資産が減少・採算がとれていない

31

8

事業活動計算をみてみよう

▶「事業活動計算書」は、収益、費用、当期
活動増減差額を一覧表にして純資産の増減の
内容を明らかにした書類です。

　事業活動計算書は、「社会福祉法人の純資産の増減の内容」を説明す
る書類です。純資産は第5節で説明したように貸借対照表の項目ですが、
前述29頁の（社福）甲の貸借対照表においては、純資産が前年度より
も40増えており、財産の状態が良くなっていることがわかりました。
　このとき「何が原因で純資産が増えたのだろう？」と素朴な疑問が起
きますが、貸借対照表をみても、その原因はわかりません。

　「純資産がどうして増えたのか」。その答えは「事業活動計算書にあり」
です。

　（社福）甲の事業活動計算書を前年度と比べてみましょう。

32

第2章　会計って何？

（社福）甲の事業活動計算書

	当年度	前年度	増減
収益	300	280	20
費用	260	270	△10
当期活動増減差額	40	10	30

　第7節にならって「費用」からみると、「当年度」は260であり、事業を実施するのにかかったお金が260であったことがわかります。これに対して「収益」が300であり、収益＞費用ですから、事業で得たお金によって、事業にかかったお金をまかなえていることがわかります。いわゆる採算がとれている状態です。

　収益から費用を差し引いた当期活動増減差額が40であり、純資産の増加と一致します。すなわち純資産の増減は収益項目の300と費用項目の260の差額として表わされます。

　社会福祉法人の事業活動計算書は、当年度と前年度の対比型で作成されますから、収益、費用、当期活動増減差額のそれぞれを前年度と比べることで、収益が伸びているのか、落ち込んでいるのか、費用が増えているのか、減っているのか、その結果、当期活動増減差額が増えているのか、減っているのかわかります。採算性という見方では、採算が良くなった原因が何か、悪くなった原因が何かわかります。

　設例では、収益が20増えており、前年度より伸びています。一方、費用が10減っており、前年度より抑えられています。当期活動増減差額が前年度より30増えていますが、収益が伸び、費用が抑えられた結果であることがわかります。

　このときに「収益は何が増えたのだろう？」「費用は何が減ったのだろう？」という素朴な疑問を持つことが大切です。

第3章　資金収支計算書って何？

1 支出科目って何だろう？

2 収入科目って何だろう？

3 資金収支の区分をみてみよう

4 当期末支払資金残高って何だろう？

1

支出科目って何だろう？

▶お金を何に使ったか、支出の内容をあらわします。

前章第3節では支出・収入・収支差額の内容を解説し、第4節では資金収支計算によって何がわかるか解説しました。本節および次節では、資金収支計算書の勘定科目がもつ意味を解説します。

資金収支計算書の支出科目は、お金を使った内容をあらわします。
たとえば「支出が1,000万円あった」といっても、何にお金を使ったかはわかりませんが、支出科目を使うことで、お金を使った内容がわかるようになります。

勘定科目	金額
人件費支出	800万円
事業費支出	200万円

1,000万円を何に使ったか、わかるようになりました。

この人件費支出、事業費支出のことを「支出科目」といいます。

ただし、人件費支出、事業費支出の科目は、支出科目の大きなくくりであり、これだけでは具体的な支出の内容まではわかりません。

そのため、社会福祉法人会計では、お金を使った内容を具体的にあらわすように支出科目が用意されています。

勘定科目	金額
人件費支出	800万円
職員給料支出	400万円
職員賞与支出	100万円
非常勤職員給与支出	300万円
事業費支出	200万円
給食費支出	150万円
水道光熱費支出	50万円

人件費支出、事業費支出の内訳が表されており、何にいくらお金を使ったか、わかるようになりました。

社会福祉法人会計では、人件費支出、事業費支出のように大くくりにした科目のことを、大区分科目と呼びます。

職員給料支出、職員賞与支出、非常勤職員給与支出、あるいは給食費支出、水道光熱費支出のように、支出の内容を具体的にあらわした科目のことを、中区分科目と呼びます。

第 3 章　資金収支計算書って何？

　小区分科目もあるのかな？と思ったみなさん、正解です。

　中区分科目の支出内容を詳細にあらわした科目を、小区分科目と呼びます。

　一部、科目が用意されているものもありますが、自由に作ってかまいません。たとえば、次のように作ります。

勘定科目	金額
職員給料支出（中区分科目）	400 万円
基本給支出（小区分科目）	300 万円
超過勤務手当支出（　　〃　　）	20 万円
その他手当支出（　　〃　　）	80 万円

　「職員給料支出の内容を知りたい」「残業代として支払ったお金がいくらか知りたい」と思ったときは、小区分科目を作ると便利です。

勘定科目	金額
水道光熱費支出（中区分科目）	50 万円
電気料金支出（小区分科目）	10 万円
ガス料金支出（　　〃　　）	20 万円
水道料金支出（　　〃　　）	20 万円

　「水道光熱費支出の内容を知りたい」「ガス代として支払ったお金がいくらか知りたい」と思ったときは、小区分科目を作ると便利です。

39

Keyword 大区分科目、中区分科目って何?

　大区分科目、中区分科目は、社会福祉法人会計基準に定められた科目であり、すべての社会福祉法人が社会福祉法人会計基準に用意された科目を使います。いわば、社会福祉法人会計の共通言語です。

　勘定科目の説明にしたがって正しい科目を選びましょう。間違った科目を使用すると、お金にかかわる出来事を正しく説明できなくなります。

主な支出科目

社会福祉法人会計基準における主な支出科目は以下の通りです。

勘定科目	科目説明
職員給料支出	常勤職員に支払う俸給・諸手当
職員賞与支出	常勤職員に支払う賞与
非常勤職員給与支出	非常勤職員に支払う俸給・諸手当・賞与
派遣職員費支出	派遣会社に支払う金額
退職給付支出	退職共済制度等、外部拠出型の退職手当制度にたいして法人が拠出する掛金額および退職手当
法定福利費支出	法人が負担する社会保険料、労働保険料等
給食費支出	食材・食品、外部委託しているときの材料費
介護用品費支出	利用者処遇に直接使用するおむつ、タオル等の介護用品
保健衛生費支出	利用者の健康診断、施設内または事業所内の消毒等
被服費支出	利用者の衣類、寝具等（介護用品および日用品除く）
教養娯楽費支出	利用者のための新聞雑誌等、娯楽用品および行楽演芸会の実施
保育材料費支出	保育に必要な文具材料、絵本等、および運動会等の行事実施
水道光熱費支出(事業費)	利用者に直接必要な電気、ガス、水道等

燃料費支出（事業費）	利用者に直接必要な灯油、重油等（車輌費の燃料費除く）
消耗器具備品費支出	利用者の処遇に直接使用する介護用品以外の消耗品等
車輌費支出	乗用車、送迎用自動車等の燃料費、車検等
福利厚生費支出	役員・職員が福利施設を利用する場合の事業主負担分、健康診断その他福利厚生
旅費交通費支出	業務にかかる役職員の出張旅費および交通費（研究・研修旅費除く）
事務消耗品費支出	事務用に必要な消耗品・器具什器のうち、固定資産に該当しないもの
印刷製本費支出	事務に必要な書類、諸用紙、関係資料などの印刷および製本
修繕費支出	建物、器具備品等の修繕または模様替え。資本的支出を含まない
通信運搬費支出	電話、電報、FAX、インターネット接続料・切手・葉書その他通信・運搬
広報費支出	施設および事業所の広告料、パンフレット・機関誌・広報誌作成
業務委託費支出	洗濯、清掃、夜間警備および給食（給食材料除く）など施設の業務の一部を他に委託する支出（保守料除く）
手数料支出	役務提供にかかる支出のうち業務委託費以外
保険料支出（事務費）	生命保険料、建物、車両運搬具、器具備品等にかかる損害保険契約に基づく保険料（福利厚生費を除く）
賃借料支出（事務費）	固定資産に計上を要しない器械等のリース料、レンタル料
土地・建物賃借料支出	土地、建物等の賃借料
保守料支出	建物、各種機器等の保守・点検料
支払利息支出	借入金の利息、支払リース料のうち利息相当額として処理するもの
設備資金借入金元金償還支出	設備資金借入金の元金償還額
○○取得支出	○○を取得するための支出（○○には固定資産科目名が入る）
退職給付引当資産支出	退職給付引当資産への積立による支出
○○積立資産支出	積立資産への積立による支出（○○には特定の目的が入る）

2

収入科目って何だろう？

▶どの事業でいくらのお金を得たか、どのような収入が入金されたかをあらわします。

　資金収支計算書の収入科目は、受け取ったお金の内容をあらわします。

　たとえば「収入が 1,000 万円あった」といっても、どの事業でお金を受け取ったかわかりませんが、収入科目を使うことで、どの事業でいくらの収入を得たか、どのような収入がいくら入金されたかわかるようになります。

勘定科目	金額
介護保険事業収入	600 万円
保育事業収入	350 万円
経常経費寄附金収入	50 万円

　上のようにすると、事業の種類別にいくらの収入があったかわかるようになります。

また、事業収入以外に寄付金を受け取ったことがわかるようになります。

　この介護保険事業収入、保育事業収入、経常経費寄附金収入のことを「収入科目」といいます。

　介護保険事業収入、保育事業収入の科目は、事業の種類をあらわしますが、具体的なサービスの内容まではわかりません。

　すなわち事業の種別ごとにいくらの収入があったかはわかりますが、どういうサービスによって、いくらの収入を得たかはわかりません。

　そのため社会福祉法人会計では、それぞれの事業で得た収入を、提供したサービスの内容別にあらわす収入科目が用意されています。

勘定科目	金額
介護保険事業収入	600万円
施設介護料収入	300万円
居宅介護料収入	200万円
その他の事業収入	100万円
保育事業収入	350万円
委託費収入	200万円
その他の事業収入	150万円

　上のようにすると、介護保険事業の種別において、施設介護、居宅介護およびその他のサービスの内容別に、いくらの収入があったかわかるようになります。

　また、保育事業の種別において、委託費（私立保育園の運営費のこと）およびその他のサービスの内容別に、いくらの収入があったかわかるようになります。

施設介護料収入、居宅介護料収入、その他の事業収入の科目は、サービスの内容をあらわしますが、収入の相手先まではわかりません。

そこで社会福祉法人会計では、それぞれのサービスで得た収入を、誰からいくら受け取ったか、収入の相手先をあらわす収入科目が用意されています。

勘定科目	金額
施設介護料収入	300万円
介護報酬収入	270万円
利用者負担金収入（公費）	5万円
利用者負担金収入（一般）	25万円

介護報酬収入は、介護保険基金からの収入をあらわします。

利用者負担金収入（公費）は、公費とあるので市区町村から受け取った収入をあらわします。

利用者負担金収入（一般）は、利用者本人から受け取った収入をあらわします。

これで誰からいくら収入を受け取ったか明確になりましたね。

同じように、その他の事業収入をみてみます。

勘定科目	金額
その他の事業収入	100万円
補助金事業収入（公費）	20万円
補助金事業収入（一般）	10万円
受託事業収入（公費）	40万円
受託事業収入（一般）	30万円

第3章　資金収支計算書って何？

　補助金事業収入（公費）、受託事業収入（公費）は、公費とあるので国・地方公共団体から受け取った収入をあらわします。

　補助金事業収入（一般）、受託事業収入（一般）は、国・地方公共団体以外の団体から受け取った収入および利用者本人から受け取った収入をあらわします。

　こちらも誰からいくら収入を受け取ったか明確になりましたね。

　社会福祉法人会計では、介護保険事業収入、保育事業収入のように事業種別をあらわす科目および、経常経費寄附金収入のように大くくりにした科目のことを、大区分科目といいます。

　施設介護料収入、居宅介護料収入、その他の事業収入、委託費収入のように、具体的なサービスの内容をあらわす科目のことを、中区分科目といいます。

　さらに、介護報酬収入、利用者負担金収入（公費）、利用者負担金収入（一般）、補助金事業収入（公費）、補助金事業収入（一般）、受託事業収入（公費）、受託事業収入（一般）のように、収入の相手先をあらわし、誰から受け取った収入かわかるようにした科目のことを、小区分科目と呼びます。

　介護保険事業収入、保育事業収入の他、老人福祉事業収入、障害福祉サービス等事業収入のように社会福祉法人の事業種別をあらわした収入科目には、具体的なサービス内容をあらわす中区分科目と、さらに、誰からいくら受け取ったか（誰がいくら負担したか）わかるようにした小区分科目が用意されています。

45

主な収入科目

　事業の種類をあらわす収入科目については、実施している事業収入の科目を覚えましょう。

　その他、主な収入科目は以下の通りです。

勘定科目	科目説明
補助金事業収入（公費）	事業に対する国および地方公共団体からの補助金等の事業収入
補助金事業収入（一般）	共募配分金（受配者指定寄附除く）、団体助成金、補助事業の受益者負担分等
受託事業収入（公費）	地方公共団体から委託された事業収入
受託事業収入（一般）	受託事業にかかる利用者からの収入
借入金利息補助金収入	借入金利息にかかる地方公共団体からの補助金収入
経常経費寄附金収入	経常経費にたいする寄付金および寄付物品
受取利息配当金収入	預貯金、有価証券、貸付金等の利息および配当金
施設整備等補助金収入	施設整備および設備整備にかかる地方公共団体等からの補助金等の収入
退職給付引当資産取崩収入	退職給付引当資産の取崩による収入
〇〇積立資産取崩収入	積立資産の取崩による収入（〇〇には特定の目的が入る）

3

資金収支の区分をみてみよう

▶収入、支出、収支差額を事業活動による収支の部、施設整備等による収支の部、その他の活動による収支の部の3つに区分してあらわします。

　本節では、資金収支計算書の3つの区分における収入、支出を解説します。

　社会福祉法人会計における資金収支計算書の様式をみてみましょう。

　社会福祉法人の「資金収支計算書」の一番左の列をみてください（次頁参照）。

　「事業活動による収支」「施設整備等による収支」「その他の活動による収支」とあり、それぞれに「収入」「支出」「○○資金収支差額」が示されています。

　「事業活動による収支」「施設整備等による収支」「その他の活動による収支」のことを、資金収支の区分といいます。

資金収支計算書

勘定科目			予算(A)	決算(B)	差異(A)－(B)	備考
事業活動による収支	収入	○○事業収入 ⋮				
		事業活動収入計(1)				
	支出	人件費支出 ⋮				
		事業活動支出計(2)				
	事業活動資金収支差額(3)＝(1)－(2)					
施設整備等による収支	収入	施設整備等補助金収入 ⋮				
		施設整備等収入計(4)				
	支出	設備資金借入金元金償還支出 ⋮				
		施設整備等支出計(5)				
	施設整備等資金収支差額(6)＝(4)－(5)					
その他の活動による収支	収入	積立資産取崩収入 ⋮				
		その他の活動収入計(7)				
	支出	積立資産支出 ⋮				
		その他の活動支出計(8)				
	その他の活動資金収支差額(9)＝(7)－(8)					
予備費支出(10)				—		
当期資金収支差額合計(11)＝(3)＋(6)＋(9)－(10)						
前期末支払資金残高(12)						
当期末支払資金残高(11)＋(12)						

第 3 章　資金収支計算書って何？

「事業活動による収支」の区分

「事業活動による収支」の区分では、事業活動によって受け取ったお金を「事業活動収入」とします。また人件費支出、給食費支出、水道光熱費支出、消耗品支出、賃借料支出など事業活動のために使ったお金を「事業活動支出」とします。

「事業活動資金収支差額」は両者の差額です。

事業活動収入－事業活動支出＝事業活動資金収支差額

事業活動資金収支差額がプラスのとき
　⇨　事業で受け取ったお金で、事業の支出を支払えました。
事業活動資金収支差額がマイナスのとき
　⇨　事業で受け取ったお金では、事業の支出を支払えませんでした。
マイナスの時は資金が減ります。

事業活動収入には、今後の入金が含まれ、事業活動支出には、今後の支払が含まれるため、収支差額は、お金がいくら残るか、今後の見込みをあらわします。

「施設整備等による収支」の区分

「施設整備等による収支」の区分では、主に設備借入金の入金、固定資産の購入や設備借入金の返済のために受け取った補助金、寄付金を「施設整備等収入」とします。また、主に固定資産の購入・リース料の支払、設備資金借入金の返済に使ったお金を「施設整備等支出」とします。

「施設整備等資金収支差額」は両者の差額です。

施設整備等収入－施設整備等支出＝施設整備等資金収支差額

固定資産の購入や借入金の返済等にあたって、借入金、補助金、寄付金がない事業所では、施設整備等収入が０円になります。

固定資産の購入や借入金の返済等がない事業所では、施設整備等支出が０円になります。

施設整備等収入を家計におきかえると、住宅ローンを組んだ、家の屋根にソーラーパネルを設置して補助金を受け取った、車の購入代金の一部を両親から援助してもらったなどと似ています。

施設整備等支出を家計におきかえると、住宅の購入、車の購入といった臨時の出費や住宅ローンの返済と似ています。

家計の場合もそうですが、社会福祉法人においても、施設整備等収入だけでは、施設整備等支出をまかなえませんから、通常、施設整備等資金収支差額はマイナスになります。

このマイナスは、施設整備にかかる自己資金の持ち出しを意味します。

家計では、そうした自己資金は、稼ぎからもってくるか、貯蓄をあてますよね。社会福祉法人もそれに近いといえます。

借入金の返済やリース料の支払いは毎年のことですから、事業活動によって得られたお金である事業活動資金収支差額から支払うように計画します。

多額な固定資産の購入資金は、後述する「積立資産の取崩」により支払うように計画します。積立資産は、社会福祉法人にとっての貯蓄ですから、家計において臨時の支出に貯蓄を充てるのと似ています。

「その他の活動による収支」の区分

「その他の活動による収支」の区分では、主に、過去に積み立てていたお金の取り崩しや、国公債・株を売却して受け取ったお金を「その他の活動収入」とします。また、主に将来に備えて積み立てたお金や国公債・株の購入に使ったお金を「その他の活動支出」とします。

「その他の活動資金収支差額」は両者の差額です。

その他の活動収入－その他の活動支出＝その他の活動資金収支差額

「その他の活動収入」は、前述の「事業活動収入」「施設整備等収入」のように、第三者からお金を受け取った収入とは性格が異なります。

過去に積み立てていたお金を取り崩すことを「〇〇積立資産取崩収入」といいますが、外部からお金を受け取る取引ではありません。

貯蓄用の別口座から日常的に事業に使っている口座に振り替えたお金といえます。したがって、法人内の預金総額は変わりません。

家計で言う貯蓄の取崩しに似ています。

積立資産の取崩しは、多額の固定資産を購入するときなど、臨時的な支払いに充てられます。

「その他の活動支出」も、前述の「事業活動支出」「施設整備等支出」のように、第三者に対してお金を支払った支出とは性格が異なります。

将来に備えて積み立てをおこなうことを「○○積立資産支出」といいますが、お金を外部に支払う取引ではありません。

　将来に備えて、日常的に事業に使っている口座から貯蓄用の別口座に振り替えたお金といえます。したがって、法人内の預金総額は変わりません。

　家計で言う貯蓄に似ています。

　社会福祉法人会計では、貯蓄の取崩しが収入、貯蓄をするのが支出になります。

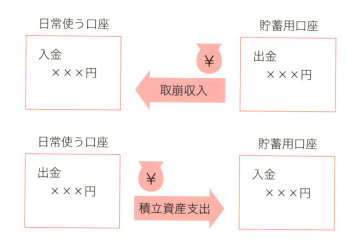

　なお、実務上、積立資産の専用口座は必置ではありませんが、預金の保有目的が異なるので、日常使う口座と貯蓄用口座を分けて運用することが望まれます。

当期末支払資金残高って何だろう？

▶経常的な事業活動等に使っていいお金がいくらあるか表わします。

　前節48頁の資金収支計算書をもう一度みてください。

　社会福祉法人会計では、1年間の収入と支出の差額から「当期資金収支差額」を計算します。
　そして、1年間の当期資金収支差額に前年からの繰越金（「前期末支払資金残高」と呼びます）を合計して、「当期末支払資金残高」を計算します。

　前頁において、「その他の活動支出」で説明したように、将来に備えて積立をおこなうと支出になりますから、当期資金収支差額がその分減り、当期末支払資金残高も減ることになります。

　したがって、当期末支払資金残高は、将来に備えた積立資産を除いた

お金であり、経常的な事業活動等による支払いに使っていいお金であるといえます。逆にいうと、経常的な支払用に当期末支払資金残高が充てられるといえます。

では、当期末支払資金残高はいくらあれば、経常的な支払いに足りるでしょうか。
　一般的に"資金繰り"といわれますが、少しはお金が手許にないと困ります。
　法人が実施する事業によって手許にないと困る金額は異なりますが、事業活動支出の3ヶ月分あれば資金繰りに困ることはないでしょう。
　逆に、当期末支払資金残高が事業活動支出の3ヶ月以上あるときは、将来に備えて蓄える（積立資産に振り替える）ことが望ましいでしょう。

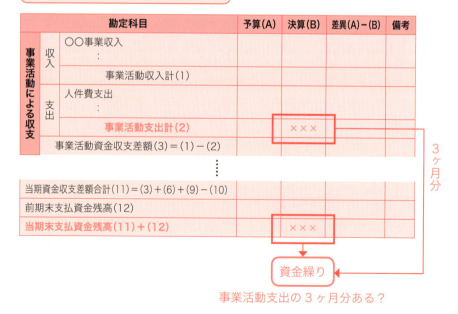

第4章 貸借対照表って何？

1 資産の科目って何だろう？

2 負債の科目って何だろう？

3 貸借対照表の区分をみてみよう

1

資産の科目って何だろう？

▶お金、お金を受け取る権利、土地・建物・備品等、資産の内容をあらわします。

第2章第5節では資産・負債・純資産の内容を解説し、第6節では貸借対照表によって何がわかるか解説しました。本節および次節では、貸借対照表の勘定科目がもつ意味を解説します。

貸借対照表の資産科目は、保有する資産の内容をあらわすものです。
たとえば資産が1,000万円あるといっても、どのような資産があるかわかりませんが、資産科目を使うことで資産の内容がわかるようになります。

勘定科目	金額
現金預金	100万円
土地	100万円
建物	800万円

これで資産の内容ごとにいくら保有しているかがわかるようになりました。

この現金預金、土地、建物のことを「資産科目」といいます。

主な資産の科目

社会福祉法人会計で使用する資産の科目のうち、主な科目は次の通りです。

勘定科目	科目説明
現金預金	現金、預金、貯金等
事業未収金	事業収益に伴う未回収の債権額
未収補助金	補助金等の未収額
前払費用	賃料の前払など
基本財産土地	基本財産に帰属する土地
基本財産建物	基本財産に帰属する建物および建物附属設備
基本財産定期預金	定款に基本財産と定められた定期預金
構築物	門、へい、舗装工事、植栽工事等、建物以外の土地に固着している建造物
車輌運搬具	送迎用バス、乗用車、入浴車等
器具及び備品	ベッド、エアコン、パソコン等の器具および備品。ただし取得価額が10万円以上で耐用年数が1年以上のものに限る
建設仮勘定	有形固定資産の建設などの工事完了後、稼動までに発生する請負前渡金、建設材料の買入代金等
有形リース資産	有形固定資産のうちリースにかかる資産
権利	法律上または契約上の権利
ソフトウェア	コンピュータソフトウェア
退職給付引当資産	退職金の支払のために退職給付引当金に対応して積み立てた現金預金等
○○積立資産	将来の特定の目的のために積み立てた現金預金等
長期前払費用	保険料の長期前払、債務保証料の長期前払など、対価の前払分で貸借対照表日の翌日から起算して1年を超えて費用化される未経過分

第4章　貸借対照表って何？

　左記の科目の中で、「事業未収金」が資産に含まれていますが、「事業未収金」は、お金を受け取る権利のことです。

　施設（事業所）では介護・保育・障害者支援といったサービスを提供した後、料金を請求します。

　請求してすぐにお金をもらうこともありますが、たいていの場合、お金は後から入金されるので、請求したときにはお金という資産は増えません。

　その代わりに、お金を受け取る権利がうまれるので「事業未収金」という資産を増やします。

　社会福祉法人会計は、財産の状態を明らかにすることを目的にしているので、お金を受け取る権利を「事業未収金」という科目であらわし、資産に含めます。

2

負債の科目って何だろう？

▶借入金、お金を支払う義務等、負債の内容を
あらわします。

　貸借対照表の負債科目は、借金等、負っている義務の内容をあらわす
ものです。

　たとえば負債が1,000万円あるといっても、どのような負債があるか
わかりませんが、負債科目を使うことで法人が負っている債務の内容が
明らかになります。

勘定科目	金額
事業未払金	100万円
設備資金借入金	900万円

　これで負債の内容ごとにいくら支払義務を負っているかがわかるよう
になりました。

　この事業未払金、設備資金借入金を負債科目といいます。

60

第4章　貸借対照表って何？

主な負債の科目

　社会福祉法人会計で使用する負債の科目のうち、主な科目は次の通りです。

勘定科目	科目説明
事業未払金	事業活動等に伴う費用等の未払い債務
1年以内返済予定設備資金借入金	設備資金借入金のうち、貸借対照表日（3/31）の翌日から起算して1年以内に支払の期限が到来するもの
1年以内返済予定リース債務	リース債務のうち、貸借対照表日（3/31）の翌日から起算して1年以内に支払の期限が到来するもの
職員預り金	源泉徴収所得税、社会保険料徴収等、職員に関する一時的な預り金
賞与引当金	支給対象期間に基づき定期に支給する職員賞与にかかる引当金
設備資金借入金	施設整備にかかる外部からの借入金で、貸借対照表日（3/31）の翌日から起算して支払の期限が1年を超えて到来するもの
リース債務	リース料総額から利息相当額を控除した金額で、貸借対照表日（3/31）の翌日から起算して支払の期限が1年を超えて到来するもの
退職給付引当金	将来支給する退職金のうち、当該会計年度末までに発生していると認められる金額

　たとえば「設備資金借入金」は、建物や固定資産等を購入したときに組んだ借入金のことです。家計では住宅ローンに似ています。借入金の返済予定表にしたがって、毎年返済しなければなりません。

　「設備資金借入金」の残高は多額になりますが、1年以内に全額を返済する必要はなく、返済予定表にしたがって計画的に支払えばいい債務です。

61

社会福祉法人会計では、借入金をいつ返済するかによって負債科目を分けています。

　すなわち、1年以内に支払期日が到来する借入金を「1年以内返済予定設備資金借入金」とし、1年を超えて支払期日が到来する借入金を「設備資金借入金」とします。

　「1年以内返済予定設備資金借入金」の残高をみれば、1年以内に返済しなければならない借入金がいくらであるかわかります。

　「事業未払金」はお金を支払う義務のことです。

　「事業未払金」は日常生活では使いませんが、ツケ払いとか、クレジット払いがイメージに近いでしょう。

　施設（事業所）では、事業に必要な給食材料、消耗品、事務用品等を購入しますが、代金はたいていの場合後払いです。

　モノを買っていますが、後払いのため、お金という資産は減りません。

　その代わりに、後日支払う義務がうまれるので、「事業未払金」という負債を増やします。

　支払う約束をした金額がいくらあるか知ることは、その分のお金は手をつけてはいけないわけですから、財産の状態を明らかにする上で必要です。

　社会福祉法人会計は、財産の状態を明らかにすることを目的にしているので、お金を支払う義務を「事業未払金」という科目であらわし、負債に含めます。

3

貸借対照表の区分をみてみよう

▶流動資産・固定資産、流動負債・固定負債、
基本金・国庫補助金等特別積立金・その他の
積立金・次期繰越活動増減差額に区分します。

　本節では貸借対照表の区分を説明します。社会福祉法人会計における
貸借対照表は、資産の部、負債の部、純資産の部に区分されます。次頁
において、貸借対照表の様式をみてみましょう。

　貸借対照表の資産の部は「流動資産」と「固定資産」に区分されます。
　「固定資産」は、さらに「基本財産」と「その他の固定資産」に区分
されます。
　また負債の部は「流動負債」と「固定負債」に区分されます。
　純資産の部は「基本金」「国庫補助金等特別積立金」「その他の積立金」
および「次期繰越活動増減差額」に区分されます。

貸借対照表

「資産の部」		「負債の部」	
流動資産		流動負債	
固定資産	（基本財産）	固定負債	
		「純資産の部」	
	（その他の固定資産）	純資産	基本金
			国庫補助金等特別積立金
			その他の積立金
			次期繰越活動増減差額

流動資産と固定資産

　流動資産の主なものとして、現金預金、事業未収金があります。

　固定資産の主なものは、土地、建物、車両、器具および備品のように、将来にわたって使用する予定の資産等があげられます。

　固定資産の中には積立資産もあります。積立資産は銀行に預けたお金ですから引き出しは可能ですが、将来に備えて日常的に使っていいお金から区分した蓄えですから、積立資産は簡単に手をつけてはいけないお金です。

基本財産とその他の固定資産

　基本財産の主なものは施設（事業所）の土地、建物です。事業の実施に不可欠な不動産であり、定款に基本財産として記載します。その他の

固定資産は、基本財産以外の固定資産をいいます。

流動負債と固定負債

　流動負債の主なものは、事業未払金、職員預り金などの支払義務のあるものです。

　固定負債の主なものは、設備資金借入金、リース債務など、契約期間が１年を超える債務等があげられます。

　なお、設備資金借入金、リース債務、長期未払金などは、支払期日がいつ到来するかによって、流動負債と固定負債に区分します。

> 流動負債：決算日(3/31)の翌日から１年以内に支払期日が来る債務
> 固定負債：決算日(3/31)の翌日から１年を超えた後に支払期日が来る債務

　来年度に支払期日が到来する債務が流動負債になり、再来年度以降に支払期日が到来する債務が固定負債になります。

純資産

　基本金は、法人の設立時ならびに施設（事業所）の創設・増築時等において、基本財産等を取得するための財源とする等、一定の目的で受け入れた寄付金の残高をあらわします。

　国庫補助金等特別積立金は、施設・事業所の創設・増築等をはじめ固定資産等の取得に充てられた補助金・助成金の残高をあらわします。

　基本金、国庫補助金等特別積立金の計上に関する詳細は、次章「基本金、国庫補助金等特別積立金って何？」で、解説します。

その他の積立金、次期繰越活動増減差額は、これまでの事業活動の成果による純資産の増加額をあらわし、「内部留保」と呼ばれます。この内、将来の特定目的の支出に備えて積立てた純資産をその他の積立金といい、それ以外を次期繰越活動増減差額といいます。

流動資産の合計と流動負債の合計

　流動負債は、1年以内に支払期日が到来する債務がいくらあるかをあらわし、一方、流動資産は、支払能力がいくらあるかをあらわします。

　支払義務に対する支払能力をはかる観点からは、「流動資産」の合計が、「流動負債」の合計を上回る必要があるでしょう。

Column

流動比率

　財産状態の分析指標で有名なものに「流動比率」があります。流動資産 ÷ 流動負債が何％かを計算する指標です。

　流動比率は、1年以内の支払義務に対する支払能力の割合をはかる指標であり、高いほど短期安全性が高いといわれます。

　社会福祉法人の場合に何％が望ましいかは示されていませんが、支払義務を上回る支払能力を確保する観点からは、100％以上であることが必要でしょう。

第5章 基本金・国庫補助金等特別積立金って何？

1 基本金って何だろう?

2 国庫補助金等特別積立金って何だろう?

1

基本金って何だろう？

▶法人設立、施設創設・増築等のために受け入れた寄付金のことをいいます。

　基本金は、(1) 法人設立、施設創設・増築等のために基本財産等の取得に指定された寄付金、(2) 当該資産の取得にかかる設備資金借入金の償還に指定された寄付金、(3) 施設創設・増築時等の運転資金に充てるために受け入れた寄付金をいいます。

　第1章第1節で解説した通り、社会福祉法人は、土地、建物等の不動産や事業に必要な機器等を確保しなければなりませんが、法人設立時においては、法人の自己資金はなく、不動産等の取得は、法人の理事等からの寄付あるいは贈与を受けて取得資金に充てていました。寄付等によって、土地、建物等の資産が増えるので純資産も増加しますが、事業活動の成果による純資産の増加とはいえないため、当期活動増減差額が算定されるのは妥当ではありません。そこで寄付金を基本金に組入れることによって、当期活動増減差額が算定されないように手当しました。

　法人設立時の土地の贈与を例に基本金の計上をみてみましょう。

（設例）法人設立時の土地の寄付受入れ

・法人設立時において、社会福祉施設に必要な土地の確保は、原則として寄付によります。

1. 土地の受け入れを収益に計上

・固定資産受贈額を事業活動計算書に計上します。

・事業開始前にもかかわらず、土地の受贈に相当する当期活動増減差額が計上されてしまいます。

2. 固定資産受贈額を基本金に計上

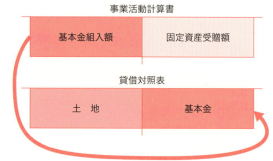

・事業活動計算上、費用として「基本金組入額」を計上し、相手科目は純資産の部「基本金」に計上しました。

・基本金の組入れにより、当期活動増減差額が算定されなくなりました。

2

国庫補助金等特別積立金って何だろう？

▶施設・設備整備のために受け取った補助金、
助成金などをいいます。

　国庫補助金等特別積立金は、（1）施設・設備の整備のために国および
地方公共団体等から受領した補助金、助成金および交付金等、（2）設備
資金借入金の返済に合わせて交付される補助金等のうち、施設・設備整
備時に交付が見込まれ、実質的に施設・設備整備に対する補助金等に相
当するものをいいます。

　社会福祉施設の建物や事業に必要な設備等の取得に際して、法人の負
担を軽減し、もって社会福祉施設の整備、設備の整備をすすめるために
補助金等が交付されることがあります。
　補助金等によって建物、器具備品等の資産が増えるので、純資産も増
加しますが、事業活動の成果による純資産の増加とはいえないため、当
期活動増減差額が算定されるのは妥当ではありません。
　そこで補助金等を国庫補助金等特別積立金に積み立てることによっ

て、当期活動増減差額が算定されないように手当しました。

　法人設立時の施設・設備整備を例に、国庫補助金等特別積立金の計上をみてみましょう。

（設例）法人設立時の施設設備

・法人設立時において施設整備資金は補助金、借入金、寄付金によって調達します。

施設整備と資金調達の概要

施設整備費	借入金
	寄付金
	補助金

1. 補助金の受け入れを収益に計上

施設整備の会計処理

（借方）	（貸方）
建物 構築物 器具備品	設備資金借入金 施設整備等補助金収益 施設整備等寄附金収益
基本金組入額	基本金

・補助金収益を事業活動計算書に計上します。

・寄付金を基本金に組入れます。

事業活動計算書

| 基本金組入額 | 施設整備等寄附金収益 |
| 当期活動増減差額 | 施設整備等補助金収益 |

・施設整備等補助金収益に相当する当期活動増減差額が計上されてしまいます。

貸借対照表

建　物 構　築　物 器具及び備品	設備資金借入金
	基本金
	当期活動増減差額

第 5 章　基本金・国庫補助金等特別積立金って何？

2.　施設整備等補助金収益を国庫補助金等特別積立金に計上

国庫補助金等特別積立金積立の会計処理

（借方）	（貸方）
国庫補助金等 特別積立金積立額	国庫補助金等特別積立金

事業活動計算書

基本金組入額	施設整備等寄附金収益
国庫補助金等 特別積立金積立額	施設整備等 補助金収益

貸借対照表

建　　　物 構　築　物 器具及び備品	設備資金借入金
	基本金
	国庫補助金等 特別積立金

・事業活動計算上、費用として「国庫補助金等特別積立金積立額」を計上し、相手科目は純資産の部「国庫補助金等特別積立金」に計上しました。

・国庫補助金等特別積立金の積立により、当期活動増減差額が算定されなくなりました。

Column

基本金の組み入れ・国庫補助金等特別積立金の積み立てを忘れるとどうなるの？

もし、法人設立時あるいは施設創設・増築時に当該目的で受けた寄付金の基本金への組み入れが漏れていたら、あるいは施設・設備整備に対して交付された補助金等の国庫補助金等特別積立金への積立てが漏れていたら、収益がそのまま当期活動増減差額になり、これが繰り越されて次期繰越活動増減差額に含まれることになります。

仕訳の誤りによって、知らず知らずのうちに、法人の次期繰越活動増減差額が過大になっているおそれがあります。

法人の設立、施設の創設などは滅多にないことですから、基本金の組み入れも、国庫補助金等特別積立金の積立ても失念するおそれが高い取引ですが、仕訳を忘れないようにしましょう。

第6章 事業活動計算書って何？

1 費用の科目って何だろう？

2 収益の科目って何だろう？

3 事業活動計算の区分をみてみよう

1

費用の科目って何だろう？

▶事業を実施するのに、何にいくらかかったか をあらわします。

第2章第7節では費用・収益・当期活動増減差額の内容を解説し、第8節では事業活動計算によって何がわかるか解説しました。本節および次節では、事業活動計算書の勘定科目がもつ意味を解説します。

事業活動計算書の費用科目は、事業をするのにかかったお金の内容をあらわします。

たとえば「費用が1,000万円かかった」といっても、何にかかったかわかりませんが、費用科目を使うことで、内容が明らかになります。

勘定科目	金額
人件費	800万円
事業費	200万円

これで何にお金がかかったかわかるようになりました。この人件費、

事業費のことを費用科目といいます。

　ただし、人件費、事業費は費用の大きなくくりであり、大区分科目といいますが、具体的な費用の内容まではわかりません。

　資金収支計算書の支出科目と同様に、費用科目も、内容を具体的にあらわす中区分科目が用意されています。

勘定科目	金額
人件費（大区分科目）	800万円
職員給料（中区分科目）	400万円
職員賞与（　〃　）	100万円
非常勤職員給与（　〃　）	300万円
事業費（大区分科目）	200万円
給食費（中区分科目）	150万円
水道光熱費（　〃　）	50万円

　これで何にいくらかかったか、わかるようになりました。

　また中区分科目の費用の内訳をあらわす小区分科目もあります。

　一部、科目が用意されているものもありますが、自由に作ってかまいません。たとえば次のように作ります。

勘定科目	金額
職員給料（中区分科目）	400万円
基本給（小区分科目）	300万円
超過勤務手当（　〃　）	20万円
その他手当（　〃　）	80万円

　「職員給料の内容を知りたい」「残業代がいくらか知りたい」と思った

ときは小区分科目を作ると便利です。

勘定科目	金額
水道光熱費（中区分科目）	50万円
電気料金（小区分科目）	10万円
ガス料金（　〃　）	20万円
水道料金（　〃　）	20万円

「水道光熱費の内容を知りたい」「ガス代がいくらか知りたい」と思ったときは小区分科目を作ると便利です。

主な費用科目

社会福祉法人会計基準における主な費用科目は以下の通りです。

勘定科目	科目説明
職員給料	常勤職員に支払う俸給・諸手当
職員賞与	常勤職員に支払う賞与
賞与引当金繰入	職員に対する確定済賞与のうち、当該会計期間にかかる部分の見積額
非常勤職員給与	非常勤職員に支払う俸給・諸手当・賞与
派遣職員費	派遣会社に支払う金額
退職給付費用	従事する職員に対する退職一時金、退職年金等将来の退職給付のうち、当該会計期間の負担に属する金額（役員であることに起因する部分除く）
法定福利費	法人が負担する社会保険料、労働保険料等
給食費	食材・食品、外部委託しているときの材料費
介護用品費	利用者処遇に直接使用するおむつ、タオル等の介護用品
保健衛生費	利用者の健康診断、施設内または事業所内の消毒等

被服費	利用者の衣類、寝具等（介護用品および日用品除く）
教養娯楽費	利用者のための新聞雑誌等、娯楽用品および行楽演芸会の実施
保育材料費	保育に必要な文具材料、絵本等、および運動会等の行事実施
水道光熱費（事業費）	利用者に直接必要な電気、ガス、水道等
燃料費（事業費）	利用者に直接必要な灯油、重油等（車輌費の燃料費除く）
消耗器具備品費	利用者の処遇に直接使用する介護用品以外の消耗品等
車輌費	乗用車、送迎用自動車等の燃料費、車検等
福利厚生費	役員・職員が福利施設を利用する場合の事業主負担分、健康診断その他福利厚生
旅費交通費	業務にかかる役職員の出張旅費および交通費（研究・研修旅費除く）
事務消耗品費	事務用に必要な消耗品・器具什器のうち、固定資産に該当しないもの
印刷製本費	事務に必要な書類、諸用紙、関係資料などの印刷および製本
修繕費	建物、器具備品等の修繕または模様替え。資本的を含まない
通信運搬費	電話、電報、FAX、インターネット接続料・切手・葉書その他通信・運搬
広報費	施設および事業所の広告料、パンフレット・機関誌・広報誌作成
業務委託費	洗濯、清掃、夜間警備および給食（給食材料除く）など施設の業務の一部を他に委託する（保守料除く）
手数料	役務提供にかかる費用のうち業務委託費以外
保険料（事務費）	生命保険料、建物、車両運搬具、器具備品等にかかる損害保険契約に基づく保険料（福利厚生費を除く）
賃借料（事務費）	固定資産に計上を要しない器械等のリース料、レンタル料
土地・建物賃借料	土地、建物等の賃借料
保守料	建物、各種機器等の保守・点検料
減価償却費	固定資産の減価償却の額
国庫補助金等特別積立金取崩額	国庫補助金等の支出対象経費（主として減価償却費）の期間費用計上に対応して取り崩された国庫補助金等特別積立金の額

| 支払利息 | 借入金の利息、支払リース料のうち利息相当額として処理するもの |
| 国庫補助金等特別積立金積立額 | 運用上の取扱第10に規定された国庫補助金等特別積立金の積立額をいう |

Column

支出と費用はどこが違う？

　支出と費用は、両方ともお金が減るものですから、とても似ています。

支出	費用
事業で支払ったお金がいくらか	事業にかかったお金がいくらか

　「どこが違うの？」と思いますよね。

　「支出」は物品やサービスを手に入れるためにお金を支払うことなので「支払ったお金」といいます。

　一方「費用」は、厳密にいうとお金で買った物品やサービスを使用（消費）することです。ですので、「かかったお金」という言い方をします。

　たとえば、切手を買ったとします。

　買ったときにお金が減るので支出になります。ただし買った切手はまだ使っていませんから、この時点では、まだ費用はかかっていません。

　郵便物に切手を貼ってポストに投函したときに切手を使ったので、ポストに投函した時点で費用になります。

　厳密には買った時が「支出」、使った（消費した）時が「費用」です。ただし、厳密にすると会計処理が煩雑になるので重要性が乏しいものは、支出した時に、費用もかかったものとして会計処理しています。

2

収益の科目って何だろう？

▶どの事業でサービスを提供していくらのお金を得たか、どのような収益がいくら入金されたかをあらわします。

　事業活動計算書の収益科目は、受け取ったお金の内容をあらわします。
　たとえば「収益が1,000万円あった」といっても、どの事業でお金を受け取ったかわかりませんが、収益科目を使うことで、どの事業でいくらの収益を得たか、どのような収益がいくら入金されたかがわかるようになります。

勘定科目	金額
介護保険事業収益	600万円
保育事業収益	350万円
経常経費寄附金収益	50万円

　上のようにすると、事業の種類別にいくらの収益があったかわかるようになります。

また事業収益以外に寄付金を受け取ったことがわかるようになります。

この介護保険事業収益、保育事業収益、経常経費寄附金収益のことを「収益科目」の大区分科目といいます。

介護保険事業収益、保育事業収益の科目は、事業の種類をあらわしますが、具体的なサービスの内容まではわかりません。

すなわち、事業の種別ごとにいくらの収益があったかはわかりますが、どういうサービスによって、いくらの収益を得たかはわかりません。

そのため社会福祉法人会計では、それぞれの事業で得た収益を、提供したサービスの内容別にあらわす中区分科目が用意されています。

勘定科目	金額
介護保険事業収益（大区分科目）	600万円
施設介護料収益（中区分科目）	300万円
居宅介護料収益（　　〃　　）	200万円
その他の事業収益（　　〃　　）	100万円
保育事業収益（大区分科目）	350万円
委託費収益（中区分科目）	200万円
その他の事業収益（　　〃　　）	150万円

上のようにすると、介護保険事業の種別において施設介護、居宅介護およびその他のサービスの内容別に、いくらの収益があったかわかるようになります。

また、保育事業の種別において委託費（私立保育園の運営費のこと）およびその他のサービスの内容別に、いくらの収益があったかわかるようになります。

さらに、社会福祉法人会計では、それぞれのサービスで得た収益について、誰からいくら受け取ったか、収益の相手先をあらわす小区分科目が用意されています。

勘定科目	金額
施設介護料収益（中区分科目）	300万円
介護報酬収益（小区分科目）	270万円
利用者負担金収益（公費）（〃）	5万円
利用者負担金収益（一般）（〃）	25万円

介護報酬収益は、介護保険基金からの収益をあらわします。

利用者負担金収益（公費）は、公費とあるので市区町村から受け取った収益をあらわします。

利用者負担金収益（一般）は、利用者本人から受け取った収益をあらわします。

これで誰からいくら収益を受け取ったか（誰がいくら負担したか）明確になりました。

同じように、その他の事業収益をみてみます。

勘定科目	金額
その他の事業収益（中区分科目）	100万円
補助金事業収益（公費）（小区分科目）	20万円
補助金事業収益（一般）（〃）	10万円
受託事業収益（公費）（〃）	40万円
受託事業収益（一般）（〃）	30万円

補助金事業収益（公費）、受託事業収益（公費）は、公費とあるので国・地方公共団体から受け取った収益をあらわします。

補助金事業収益（一般）、受託事業収益（一般）は、国・地方公共団体以外の団体から受け取った収益および利用者本人から受け取った収益をあらわします。

こちらも誰からいくら収益を受け取ったか（誰がいくら負担したか）明確になりました。

主な収益科目

社会福祉法人会計基準における主な収益科目は以下の通りです。

勘定科目	科目説明
補助金事業収益（公費）	事業に対する国および地方公共団体からの補助金等の事業収益
補助金事業収益（一般）	共募配分金（受配者指定寄附除く）、団体助成金、補助事業の受益者負担分等
受託事業収益（公費）	地方公共団体から委託された事業収益
受託事業収益（一般）	受託事業にかかる利用者からの収益
経常経費寄附金収益	経常経費にたいする寄付金および寄付物品
借入金利息補助金収益	借入金利息にかかる地方公共団体からの補助金収益
受取利息配当金収益	預貯金、有価証券、貸付金等の利息および配当金
施設整備等補助金収益	施設整備および設備整備にかかる地方公共団体等からの補助金等の収益
○○受贈額	土地など固定資産の受贈額。○○は受贈の内容を示す科目を記載

3

事業活動計算の区分をみてみよう

▶収益、費用、〇〇活動増減差額をサービス活
動増減の部、サービス活動外増減の部、特別
増減の部、繰越活動増減差額の部の４つに
区分してあらわします。

　本節では事業活動計算書の４つの区分における収益、費用を解説しま
す。

　社会福祉法人会計における事業活動計算書の様式をみてみましょう。

　社会福祉法人の事業活動計算書の一番左の列をみると「サービス活動
増減の部」「サービス活動外増減の部」「特別増減の部」とあり、それぞ
れに「収益」「費用」「〇〇増減差額」が示されています（次頁参照）。

　「サービス活動増減の部」「サービス活動外増減の部」「特別増減の部」
および「繰越活動増減差額の部」のことを事業活動計算の区分といいま
す。

第6章　事業活動計算書って何？

事業活動計算書

勘定科目			当年度決算(A)	前年度決算(B)	増減(A)−(B)
サービス活動増減の部	収益	○○事業収益 ：			
		サービス活動収益計(1)			
	費用	人件費 ：			
		サービス活動費用計(2)			
	サービス活動増減差額(3)＝(1)−(2)				
サービス活動外増減の部	収益	借入金利息補助金収益 ：			
		サービス活動外収益計(4)			
	費用	支払利息 ：			
		サービス活動外費用計(5)			
	サービス活動外増減差額(6)＝(4)−(5)				
	経常増減差額(7)＝(3)＋(6)				
特別増減の部	収益	施設整備等補助金収益 ：			
		特別収益計(8)			
	費用	固定資産売却損・処分損 ：			
		特別費用計(9)			
	特別増減差額(10)＝(8)−(9)				
	当期活動増減差額(11)＝(7)＋(10)				
繰越活動増減差額の部	前期繰越活動増減差額(12)				
	当期末繰越活動増減差額(13)＝(11)＋(12)				
	基本金取崩額(14)				
	その他の積立金取崩額(15)				
	その他の積立金積立額(16)				
	次期繰越活動増減差額 (17)＝(13)＋(14)＋(15)−(16)				

「サービス活動増減の部」の区分

「サービス活動増減の部」の区分では、サービスを提供して得たお金を「サービス活動収益」とします。

また、人件費、給食費、水道光熱費、消耗品費、賃借料等のようにサービスを提供するのにかかった費用を「サービス活動費用」とします。

「サービス活動増減差額」は両者の差額です。

サービス活動収益－サービス活動費用＝サービス活動増減差額

サービス活動増減差額は、サービス活動における採算性をあらわします。

プラスのとき

⇨　収益が費用を上回っており、採算がとれています。

サービス活動増減差額がマイナスのとき

⇨　費用が収益を上回っているため、採算がとれていません。

「サービス活動外増減の部」の区分

「サービス活動外増減の部」の区分では、受取利息などのように毎年経常的に受け取る収益を「サービス活動外収益」とします。

また支払利息などのように毎年経常的にかかる費用を「サービス活動外費用」とします。

「サービス活動外増減差額」は両者の差額です。

サービス活動外収益－サービス活動外費用＝サービス活動外増減差額

経常増減差額

「経常増減差額」はサービス活動増減差額とサービス活動外増減差額の合計です。

サービス活動増減差額＋サービス活動外増減差額＝経常増減差額

経常増減差額は、経常的な事業活動による採算性をあらわします。

「特別増減の部」の区分

「特別増減の部」の区分では、固定資産の受贈や売却益など臨時的な収益などを「特別収益」とします。

また、固定資産の廃棄処分など臨時的な損失などを「特別費用」とします。

「特別増減差額」は両者の差額です。

特別収益－特別費用＝特別増減差額

当期活動増減差額

「当期活動増減差額」は「経常増減差額」と「特別増減差額」の合計です。

「当期活動増減差額」がプラスの時は、年間の全体収益が年間の全体費用を上回っており、採算がとれている状態といえます。

逆にマイナスの時は、年間の全体費用が年間の全体収益を上回っており、採算がとれていない状態といえます。

事業活動計算書における増減差額の内容

勘定科目			増減差額の内容
サービス活動増減の部	収益	○○事業収益	
		サービス活動収益計(1)	
	費用	人件費	
		サービス活動費用計(2)	
		サービス活動増減差額(3)＝(1)－(2)	サービス活動における採算性をあらわす

....

	サービス活動外増減差額(6)＝(4)－(5)	サービス活動外の経常的な収益と費用の差額
	経常増減差額(7)＝(3)＋(6)	経常的な事業活動による採算性をあらわす

....

	特別増減差額(10)＝(8)－(9)	臨時的な損益による影響等をあらわす
	当期活動増減差額(11)＝(7)＋(10)	1年間の活動全体の採算性をあらわす

Column

どうして採算がとれているかは事業活動計算書でみるの？

　事業活動計算書の費用は、サービスを提供するためにかかったお金がいくらかをあらわします。この中には人件費、諸経費の他、建物、器具備品といった設備（固定資産）の使用にかかったお金も含まれます。

　人件費、諸経費と同様に、設備（固定資産）もサービスの提供には必要です。固定資産がなければサービスを提供できなくなるので、固定資産の使用にかかった費用も含めて、収益でまかなわれなければ、採算がとれているとはいえません。

　事業活動計算書の当期活動増減差額がプラスであることが、設備（固定資産）を更新し、長期にわたって事業を継続するうえで必要となります。

第6章　事業活動計算書って何？

Column

人件費が高いのはいい法人でしょうか？

「人件費が高いのはいい法人でしょうか？」と聞かれれば、もちろん［YES］ですね。

たとえば、A 法人と B 法人で職員数は同じ 10 名、A 法人の人件費は 4,000、B 法人の人件費は 5,000 のときにどちらのほうがいい法人でしょうか。B 法人のほうが人件費が高くていいですね。

では、A 法人と B 法人の事業活動計算書を比べて、みなさんはどちらがいい法人と思いますか。

A法人の事業活動計算書		B法人の事業活動計算書	
収　益	5,000	収　益	5,000
人件費	4,000	人件費	5,000
その他費用	1,000	その他費用	1,000
当期活動		当期活動	
増減差額	0	増減差額	▲1,000

A 法人は、当期活動増減差額が 0 で、採算がとれていますが、B 法人は、当期活動増減差額がマイナスになっていて採算がとれていません。純資産が減り、このままの状態が続くと事業を継続できなくなるかもしれません。

人件費が高いのが、収益性の良さによるものなのか、それとも人件費が高い結果、財務状態が悪化しているのか、人件費だけ見ていても判断できません。

収益、他の費用、当期活動増減差額を見ることが必要です。さらにいうと 1 年間だけでは判断できません。前年、前々年の収益、費用、当期活動増減差額と比較することが大事です。

91

第7章 決算書を作るまでの流れ

1 決算書を作るにはどうするの？

2 決算書作成までの流れをみてみよう

3 会計取引って何だろう？

4 仕訳って何だろう？

1

決算書を作るにはどうするの？

▶簿記により日々の取引を帳簿に記録することによって、決算書（資金収支計算書、貸借対照表、事業活動計算書）を作成します。

　第2章の第1節および第2節において、会計とは、お金にかかわる出来事を資金提供者に説明することであり、社会福祉法人会計では、社会福祉法人の資金収支の内容を明らかにするために「資金収支計算書」を作成し、財産の内容を明らかにするために「貸借対照表」を作成し、純資産の増減の内容を明らかにするために「事業活動計算書」を作成することを解説しました。

　また第2章の第3節から第8節では、それぞれの決算書における項目の内容を説明し、決算書から何がわかるか解説しました。

　第3章から第6章にかけて、資金収支計算書、貸借対照表、事業活動計算書における科目ならびに表示区分を説明し、社会福祉法人会計による決算書の様式にそって、決算書の項目があらわす財務内容について解説しました。

決算書は"法人の健康診断書"といわれ、決算書によって法人の健康状態を把握します。法人の健康状態を正しく知るためには、決算書が正しく作成されなければなりません。

　では、決算書はどのようにして作成するでしょうか？
　決算書を作成する手続（道具）のことを**簿記**といいます。

　社会福祉法人は、事業をすすめる中で、日々「取引」をしています。この「取引」を帳簿に記録することで、決算書がつくられます。

　簿記は「日々の取引を帳簿に記録する手続」であり、帳簿に記録するときのルールです。
　正しい決算書を作成するために、帳簿に記録するときのルールを覚えましょう。簿記は「帳簿記録」を略したものです。

単式簿記と複式簿記

　簿記には「単式簿記」と「複式簿記」の２種類があります。

　単式簿記は、家計簿や小遣い帳のように、現金の出入りを記録し、その差額から現金残高を算定します。

　複式簿記は、現金以外の財産も含めて、財産が増えたか、減ったか、また財産が増えた要因は何か、減った要因は何か、記録し集計します。
　社会福祉法人の貸借対照表と事業活動計算書は、複式簿記によって作成されます。

2 決算書作成までの流れをみてみよう

▶簿記により日々の取引を帳簿に記録しますが、帳簿記録のもととなるのが「仕訳」です。スタートは「仕訳」、ゴールは「決算書」です。

取引の発生から決算書を作るまでの流れは以下のとおりです。

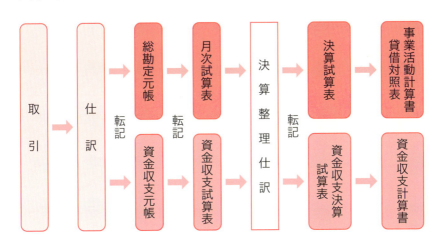

会計システムでは「仕訳」を入力すれば、試算表を自動的に作成してくれます。

3

会計取引って何だろう？

▶財産と財産を交換する取引、財産が増加する
取引、財産が減少する取引であり、「仕訳」
を作成する取引のことをいいます。

簿記では日々の「取引」を対象に仕訳を作成します。

本節では、仕訳を作成する"「取引」とは何か"を解説します。

私たちは普段の日常生活でも取引という言葉を使いますが、簿記に
よって仕訳を作成する「取引」とは必ずしも一致しません。日常生活で
いう「取引」には、仕訳を作成する取引と仕訳を作成しない（作成でき
ない）取引が含まれます。

仕訳を作成する取引のことを「会計取引」といいます。

「取引」と「会計取引」

「取引」と「会計取引」の違いを事例でみてみましょう。

たとえば銀行に借り入れを申し込み、借入契約を交わしたとします。

第7章　決算書を作るまでの流れ

日常生活では契約を交わすことを「取引」といいますが、この段階では「会計取引」はありません。

　契約後、お金が法人の口座に振り込まれたとき、すなわち資産が増えたときに「会計取引」があったといいます。

　日常生活では、お互いに条件を持ち出して交渉し、合意することを「取引」あるいは「取引が成立した」といいますが、会計の取引は、「財産と財産を交換したとき」「財産が増えたり、減ったりしたとき」に会計取引があったといわれます。

　日常生活で「取引」と呼ばれないものが、「会計取引」にあたることもあります。

　車などの財産が壊れて処分した場合は、日常生活では車が壊れたために廃車の取引を行ったとはいいませんが、車という財産が減りますから会計上は、取引ということになります。

日常の取引と会計上の取引の相違点

	日常の取引	会計上の取引
①銀行と借入契約をした	○	×
②車が壊れて廃車処分した	×	○

　"「会計取引」があったことに気がつくこと"が、簿記のはじめの一歩です。

4

仕訳って何だろう？

▶勘定科目を使って、いくら財産が増えたか、あるいは減ったか、また財産がどうやって増えたか、あるいは減ったかを記録することです。

「財産と財産の交換」「財産の増加あるいは減少」が会計取引となりますが、会計取引に気がつき仕訳を作成することが、決算書作りの第一歩です。

本節では、「仕訳」とはどういうものか、「仕訳」って何を書くのか、どのように書くのか、「仕訳」の作成例をみて、「仕訳」に書く項目を解説します。

仕訳にはルールがあって、はじめて会計を担当する方にとっては、なかなか慣れないものですが、「どうしてそうするの？」と難しくは考えずに、「ルール通りにやるしかないか」と開き直って慣れましょう。

「仕訳は、習うより慣れろ」

「仕訳は "習う" ものではなく、"倣う" ものである」

100

第7章　決算書を作るまでの流れ

とよくいわれます。

　まずは例をあげて仕訳をみてみましょう。

取引例（1）　普通預金の増加と借入金の増加

　銀行から30万円借り入れて、普通預金に振り込まれた。

　このときの仕訳は次のようになります。

| （借方）普通預金 | 300,000 | （貸方）借入金 | 300,000 |

　仕訳をみていて、どのようなことに気がつくでしょうか。

①	仕訳は勘定科目と金額の組み合わせである。
②	仕訳は1行で会計取引を記録する。
③	仕訳には勘定科目を2つ（「普通預金」「借入金」）書く。
④	仕訳は勘定科目を左と右に並べて書く（下記POINT参照）。
⑤	金額は左の勘定科目と右の勘定科目に同額で書く。
⑥	仕訳の左を（借方）、右を（貸方）という。

　といったことに気がつきますね。

> **POINT**　勘定科目を左と右に並べて書くことで、「増加」「減少」、「＋」「－」
> といった言葉や符号を使わないで、財産が増えたのか、財産が
> 減ったのかをあらわします。

101

第8章 仕訳をしてみよう

1 会計取引を原因と結果に分けよう

2 仕訳のルールって何だろう？

3 仕訳の作成手順をみてみよう

4 資産が増加あるいは減少する仕訳

5 負債が増加あるいは減少する仕訳

6 資産・負債・純資産・費用・収益の
  結びつき

7 資金収支の仕訳

8 資金収支って何だろう？

9 資金収支仕訳のルールって何だろう？

10 資金収支仕訳の作成手順をみてみよう

11 資金が増加する仕訳

12 資金が減少する仕訳

13 仕訳と資金収支仕訳を作成しよう

1

会計取引を原因と結果に分けよう

▶会計取引から、2つの事実を探しましょう。
会計取引は「□□したから、○○が増えた
（あるいは減った）」とあらわされます。

　前章で、「財産と財産の交換」「財産の増加あるいは減少」が会計取引
であり、会計取引をもとに仕訳を作成することが、決算書作りの第一歩
であると解説しました。前章の第4節では、仕訳例をみましたが、仕訳
は、勘定科目を2つ左と右に並べて作成することがわかりました。

　勘定科目は、会計事実をあらわすものですから、会計取引をもとに仕
訳を作成するには、会計取引から2つの事実をとらえる必要があります。
　本節において、会計取引から2つの事実をとらえて、勘定科目にお
きかえる手順をみてみましょう。

　たとえば、先の取引例（1）で、銀行からお金を 300,000 円借り入れ
て普通預金に振り込まれたときには、
①　普通預金が増えたという事実と、

105

② 借入金が増えたという事実に分けて、とらえます。

上記の事実を勘定科目におきかえて、①は「普通預金」、②は「借入金」とあらわします。

続いて、車の購入取引から2つの事実をとらえてみましょう。

取引例(2)　車両の増加と現金の減少

車を購入し、現金 1,000,000 円を支払いました。

① 車が増えたという事実と、
② 現金が減ったという事実に分けて、とらえます。

上記の事実を勘定科目におきかえて、①「車」は「車輌運搬具」という科目であらわします。②は「現金」という科目です。

次に、電話代の支払取引から2つの事実をとらえてみましょう。

取引例(3)　電話代の発生と現金の減少

電話代として現金を 1,000 円支払いました。

① 資産に着目して現金が減ったという事実がみえます。
② もうひとつの事実は何でしょうか？
　銀行の借入のように負債が増えてはいません。
　車を購入したときのように、資産が増えていません。

第8章　仕訳をしてみよう

　費用あるいは収益が発生する取引の場合、資産や負債のようにモノがないため、もう一方の事実を最初はみつけられないかもしれません。

　そのようなときは、「現金が減った」という事実に着目し、「その原因は何か」を考えてみてください。

　「現金が減った原因は何か？」
　それは「電話代を支払ったから」

　これが仕訳するべきもう一つの事実です。

　電話代の支払いは、社会福祉法人会計では「通信運搬費」という費用科目であらわされます（第6章第1節主な費用科目（77頁）を参照）。

　2つの事実を勘定科目におきかえて、①は「現金」、②は「通信運搬費」とあらわします。

　もう一つ、職員給食費の入金取引から2つの事実をとらえましょう。

取引例（4）　職員給食収益の発生と現金の増加

　職員から昼食代として現金を500円受け取りました。

　①　現金が増えたという事実がみえます。
　②　もうひとつの事実は何でしょうか？

　「現金が増えた原因は何か？」を考えます。
　それは「職員から昼食代を受け取ったから」

107

これが仕訳するべきもう一つの事実です。

職員の昼食代の受け取りは、社会福祉法人会計では「利用者等外給食収益」という収益科目であらわされます。

2つの事実を勘定科目におきかえて、①は「現金」、②「利用者等外給食収益」とあらわします。

このようにして、会計取引から2つの事実をとらえて、勘定科目におきかえますが、2つの事実が「わからないなぁ」「見当たらないなぁ」と思ったら、取引を「原因」と「結果」に分けて考えてみましょう。

財産（資産・負債）の増加あるいは減少は、何かがあった結果として生じています。財産が増加（減少）した「原因」を探しましょう。

逆に、財産が増加した原因あるいは減少した原因がわかったときは、その結果、どの財産（資産・負債）が増えたのか、あるいは減ったのか、「結果」を探しましょう。

> **POINT** 会計取引は、
> 「□□したから、〇〇が増えた（あるいは減った）」になります。
> □□と〇〇を勘定科目に置き換えれば、仕訳ができます。

2

仕訳のルールって何だろう？

▶勘定科目を左に書けばいいのか、右に書けばいいのか、勘定科目のおき方のルールを知りましょう。

前節では会計取引から2つの事実をとらえて、勘定科目におきかえることを見ました。本節では、おきかえた勘定科目を「左」に書くか、「右」に書くか、勘定科目のおき方を解説します。

簿記では仕訳をするときに、勘定科目を「左」か「右」に書きますが、勘定科目をどちらにおくかはルールがあります。

おき方のルールは、「資産」の科目、「負債」の科目、「純資産」の科目、「費用」の科目、「収益」の科目ごとに決まっています。

おき方のルールを間違えると、せっかく会計取引に気がついて、会計取引から2つの事実をとらえることができても、間違った仕訳になってしまいます。

勘定科目を「左」と「右」のどちらにおくか、仕訳作成の最後の詰めです。頑張って「勘定科目のおき方」を覚えましょう。数多くの仕訳を

作ることで、自然と身に付いていくものです。「仕訳のルールに慣れること」が大事です。

科目のおき方のルールは次の通りです。

Ⅰ．資産の科目のルール
　　資産が増加したときは左側に書く
　　資産が減少したときは右側に書く

Ⅱ．負債の科目のルール
　　負債が増加したときは右側に書く
　　負債が減少したときは左側に書く

Ⅲ．純資産の科目のルール
　　純資産が増加したときは右側に書く
　　純資産が減少したときは左側に書く

Ⅳ．費用の科目のルール
　　費用が発生したときは左側に書く

Ⅴ．収益の科目のルール
　　収益が発生したときは右側に書く

最初から全部覚えるのは大変です。
まず、一番目にある資産の科目のルールだけ覚えましょう。

Ⅰ．資産
　　資産が増加したときは左側に書く
　　資産が減少したときは右側に書く

第8章　仕訳をしてみよう

残りのルールは、資産の科目のルールから類推しましょう。

Ⅱ．負債

　考え方：負債は資産とは逆

　　　　⇒　負債の増加は右、負債の減少は左に書く

Ⅲ．純資産

　考え方：資産が増えたら純資産が増える

　　　　⇒　資産の増加を左に書くので、純資産の増加は右

　考え方：資産が減ったら純資産が減る

　　　　⇒　資産の減少を右に書くので、純資産の減少は左

Ⅳ．費用

　考え方：費用が発生するときは資産が減る

　　　　⇒　資産の減少を右にかくので、費用は左

Ⅴ．収益

　考え方：収益が発生するときは資産が増える

　　　　⇒　資産の増加を左に書くので、収益は右

豆知識　資産・負債・純資産・費用・収益の残高の表示

左側　　　　　　　　　　　　　　右側

資産	**負債**
	純資産
費用	**収益**

　第9章第3節「試算表って何だろう？」において社会福祉法人会計の試算表を解説しますが、「試算表」において、資産・費用の残高は左側に表示し、負債・純資産・収益の残高は右側に表示します。

　資産・費用は左側に残高を表示するため、増えるときは仕訳の左側、減るときは仕訳の右側に書きましょう。

　負債・純資産・収益は右側に残高を表示するため、増えるときは仕訳の右側、減るときは仕訳の左側に書きましょう。

Keyword　借方と貸方

　仕訳は会計取引から2つの事実をとらえて、左と右に勘定科目を書きました。

　簿記では、左を「借方」、右を「貸方」といいます。

　日常生活で使用する「〇〇を借りた」「〇〇を貸した」という意味はありません。

　左を「借方」、右を「貸方」と呼ぶことにしただけです。

3

仕訳の作成手順をみてみよう

▶会計取引から2つの事実をとらえて、勘定科目におきかえ、ルールにしたがって勘定科目を左（借方）に書くか、右（貸方）に書いて仕訳を作成します。

仕訳は次のステップで作りましょう

① 取引の結果、資産が増えたか、減ったか。負債が増えたか、減ったか。2つの事実を探しましょう。

② 1つの事実しか見当たらないときは、①の資産の増加・減少、負債の増加・減少の原因を考えましょう。
「□□したから、○○が増えた、あるいは○○が減った」を読み取りましょう。

③ 2つの事実を勘定科目におきかえましょう。

④　仕訳のルールに従って、科目を左（借方）、右（貸方）に書きましょう。

⑤　勘定科目に金額を記入しましょう。
　　左（借方）の金額と、右（貸方）の金額は、同じ金額になるように書きましょう。

Column

仕訳のはじめの一歩は現金です。

　現金を受け取った時の仕訳をしてみましょう。
仕訳は、以下のようになります。

| （借方）現　金 | （貸方）　？ |

　続いて、現金を支払った時の仕訳をしてみましょう。
仕訳は、以下のようになります。

| （借方）　？ | （貸方）現　金 |

　現金を受け取ったら「左」、現金を支払ったら「右」です。
　左手で現金を受け取り、右手で現金を支払うと覚えましょう。

4

資産が増加あるいは減少する仕訳

▶資産の増加は借方に記載し、資産の減少は貸方に記載します。

　前節の仕訳の作成手順にしたがって、会計取引をもとに仕訳を作成してみましょう。本節では、資産が増える取引あるいは減る取引の事例をもとに仕訳を作成します。

取引例（5）　普通預金の増加と現金の減少

現金 100,000 円を普通預金に預け入れました。

① 　2つの事実を探してみましょう。
   ・**現金の減少**と**普通預金の増加**
② 　勘定科目におきかえましょう。
   ・**「現金」という資産**
   ・**「普通預金」という資産**

③　仕訳のルールにあてはめましょう。

普通預金の増加	現金の減少
資産の増加は（借方）	資産の減少は（貸方）
（借方）普通預金	（貸方）現金

④　（借方）と（貸方）に同じ金額を書きましょう。

・金額は、100,000

・仕訳は、以下のようになります。

（借方）普通預金 100,000	（貸方）現金 100,000

取引例（6）　現金の増加と収益の発生

現金 100,000 円の寄付を受けました。

①　2つの事実を探してみましょう。

・現金の増加

②　1つの事実しか見つからないときは、原因を考えましょう。

・「□□したから、○○が増えた、あるいは○○が減った」

・「寄付を受けたから、現金が増えた」

③　勘定科目におきかえましょう。

・「寄付を受けた」は**「経常経費寄附金収益」という収益**

・「現金」という資産

④　仕訳のルールにあてはめましょう。

第8章　仕訳をしてみよう

現金の増加	経常経費寄附金収益の発生
資産の増加は（借方）	収益の発生は（貸方）
（借方）現金	（貸方）経常経費寄附金収益

⑤　（借方）と（貸方）に同じ金額を書きましょう。

　　・金額は、100,000

　　・仕訳は、以下のようになります。

（借方）現金	（貸方）経常経費寄附金収益
100,000	100,000

取引例(7)　費用の発生と現金の減少

文房具 5,000 円を購入し、小口現金で支払いました。

①　2つの事実を探してみましょう。

　　・小口現金の支払

②　1つの事実しか見つからないときは、原因を考えましょう。

　　・「□□したから、○○が増えた、あるいは○○が減った」

　　・「文房具を買ったから、小口現金が減った」

③　勘定科目におきかえましょう。

　　・「文房具を買った」は**「事務消耗品費」という費用**

　　・「小口現金」という資産

④　仕訳のルールにあてはめましょう。

117

事務消耗品費の発生	小口現金の減少
費用の発生は（借方）	資産の減少は（貸方）
（借方）事務消耗品費	（貸方）小口現金

⑤　（借方）と（貸方）に同じ金額を書きましょう

・金額は、5,000

・仕訳は、以下のようになります。

（借方）事務消耗品費　　　　　5,000	（貸方）小口現金　　　　　5,000

Keyword　小口現金と現金

　社会福祉法人の会計実務では、支払い用の現金のことを「小口現金」といい、入金用の現金のことを「現金」といい、使い分けます。

取引例（8）　未収補助金の増加と収益の発生

　〇〇市に××事業の補助金を1,000,000円請求しました。

①　2つの事実を探してみましょう。

・補助金を請求しており、**お金を受け取る権利が増加**

　→　権利も資産になります。

②　1つの事実しか見つからないときは、原因を考えましょう。

・「□□したから、〇〇が増えた、あるいは〇〇が減った」

・「補助金を請求したから、お金を受け取る権利が増えた」
③　勘定科目におきかえましょう。
　・「補助金を請求した」は**「補助金事業収益（公費）」という収益**
　・補助金を受け取る権利は**「未収補助金」という資産**
④　仕訳のルールにあてはめましょう。

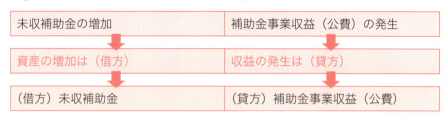

⑤　（借方）と（貸方）に同じ金額を書きましょう。
　・金額は、1,000,000
　・仕訳は、以下のようになります。

（借方）未収補助金	（貸方）補助金事業収益（公費）
1,000,000	1,000,000

取引例(9)　普通預金の増加と未収補助金の減少

　取引例(8)の未収補助金 1,000,000 円が後日、普通預金に振り込まれました。

①　2つの事実を探してみましょう。
　・**普通預金の増加**と**補助金を受け取る権利の減少**
②　勘定科目におきかえましょう。
　・**「普通預金」という資産**
　・補助金を受け取る権利は**「未収補助金」という資産**

③　仕訳のルールにあてはめましょう。

普通預金の増加	未収補助金の減少
資産の増加は（借方）	資産の減少は（貸方）
（借方）普通預金	（貸方）未収補助金

④　（借方）と（貸方）に同じ金額を書きましょう。

・金額は、1,000,000

・仕訳は、以下のようになります。

（借方）普通預金	（貸方）未収補助金
1,000,000	1,000,000

取引例（10）　前払費用の増加と普通預金の減少

来月分の家賃 200,000 円を普通預金から支払いました。

①　2つの事実を探してみましょう。

・普通預金の減少

②　1つの事実しか見つからないときは、原因を考えましょう。

・「□□したから、○○が増えた、あるいは○○が減った」

・「来月分の家賃を支払ったから、普通預金が減った」

③　勘定科目におきかえましょう。

・「来月分の家賃を支払った」は**「前払費用」という資産**

→　「来月分の家賃」は、まだ事業に使われていないので費用ではありません。

・「普通預金」という資産

第8章　仕訳をしてみよう

④　仕訳のルールにあてはめましょう。

前払費用の増加	普通預金の減少
資産の増加は（借方）	資産の減少は（貸方）
（借方）前払費用	（貸方）普通預金

⑤　（借方）と（貸方）に同じ金額を書きましょう。
　　・金額は、200,000
　　・仕訳は、以下のようになります。

（借方）前払費用	（貸方）普通預金
200,000	200,000

Keyword　前払費用

　お金を支払っても、必ずしも費用になりません。お金を使って手に入れたモノ（物品やサービス）を使ったときに費用になります。
　来月分の家賃の支払いは、来月までは費用ではありません。来月になったときに事業に使用するので、それまでは資産にします。
　社会福祉法人会計では前金の支払いを「前払金」としますが、家賃のように毎月継続する支払いは「前払費用」にします。

取引例（11）　費用の発生と前払費用の減少

　取引例（10）の前払費用200,000円が資産にあがっています。そして、翌月をむかえ、前払費用を家賃にかかる費用に振り替えました。

① 2つの事実を探してみましょう。

・**前払費用の減少**

→ 翌月になり、前払費用から家賃にかかる費用になりました。

② 1つの事実しか見つからないときは、原因を考えましょう。

・「□□したから、○○が増えた、あるいは○○が減った」

・「翌月になって家賃にかかる費用になったから、前払費用が減った」

③ 勘定科目におきかえましょう。

・「家賃にかかる費用」は**「土地・建物賃借料」という費用**

・**「前払費用」という資産**

④ 仕訳のルールにあてはめましょう。

土地・建物賃借料の発生	前払費用の減少
費用の発生は（借方）	資産の減少は（貸方）
（借方）土地・建物賃借料	（貸方）前払費用

⑤ （借方）と（貸方）に同じ金額を書きましょう。

・金額は、200,000

・仕訳は、以下のようになります。

（借方）土地・建物賃借料 200,000	（貸方）前払費用 200,000

5

負債が増加あるいは減少する仕訳

▶負債の増加は貸方に記載し、負債の減少は
借方に記載します。

　第3節の仕訳の作成手順にしたがって、会計取引をもとに仕訳を作成
してみましょう。本節では、負債が増える取引あるいは減る取引の事例
をもとに仕訳を作成します。

取引例（12）　費用の発生と事業未払金の増加

　給食材料を 500,000 円購入し、代金の支払いは後日支払う約束とし
ました。

① 　2つの事実を探してみましょう。
　　・代金を後日支払う約束としており、**お金を支払う義務の増加**
　　　→　お金を支払う義務は負債になります。
② 　1つの事実しか見つからないときは、原因を考えましょう。

・「□□したから、○○が増えた、あるいは○○が減った」

・「給食材料を購入したから、お金を支払う義務が増えた」

③　勘定科目におきかえましょう。

・「給食材料を購入した」は**「給食費」という費用**

・「お金を支払う義務」は**「事業未払金」という負債**

④　仕訳のルールにあてはめましょう。

給食費の発生	事業未払金の増加
費用の発生は（借方）	負債の増加は（貸方）
（借方）給食費	（貸方）事業未払金

⑤　（借方）と（貸方）に同じ金額を書きましょう。

・金額は、500,000

・仕訳は、以下のようになります。

（借方）給食費　　　　　　　500,000	（貸方）事業未払金　　　　　　　500,000

取引例（13）　事業未払金の減少と普通預金の減少

取引例（12）の事業未払金 500,000 円を普通預金から支払いました。

①　2つの事実を探してみましょう。

・**お金を支払う義務の減少**と**普通預金の減少**

②　勘定科目におきかえましょう。

・「お金を支払う義務」は**「事業未払金」という負債**

・**「普通預金」という資産**

③ 仕訳のルールにあてはめましょう。

④ （借方）と（貸方）に同じ金額を書きましょう。
・金額は、500,000
・仕訳は、以下のようになります。

（借方）事業未払金 500,000	（貸方）普通預金 500,000

取引例（14） 普通預金の増加と職員預り金の増加

職員に給料を支払った際、源泉所得税として200,000円預かりました。

① 2つの事実を探してみましょう。
   ・**職員から源泉所得税を預かった**
      → 職員から預かった税金は、税務署に納付しなければならないため支払義務の増加になります。
      → お金を支払う義務は負債になります。
② 1つの事実しか見つからないときは、原因を考えましょう。
   ・「□□したから、○○が増えた。あるいは○○が減った」
   ・本取引例は、「職員から源泉所得税を預かった」ことが原因となり、「預かった金額に相当する預金が減らなかった」ことが結果となります。

・すなわち、給料支給額に相当する預金が減るはずなのに、<u>税金を預かった分は、預金が減らず、その分、預金が増えた</u>といえます。

→ 以上のことから、本取引例における「原因」と「結果」は以下のようになります。「職員から税金を預かったから、普通預金が増えた」

③ 勘定科目におきかえましょう。

・「職員から税金を預かった」は**「職員預り金」という負債**

・**「普通預金」という資産**

④ 仕訳のルールにあてはめましょう。

普通預金の増加	職員預り金の増加
⬇	⬇
資産の増加は（借方）	負債の増加は（貸方）
⬇	⬇
（借方）普通預金	（貸方）職員預り金

⑤ （借方）と（貸方）に同じ金額を書きましょう。

・金額は、200,000

・仕訳は、以下のようになります。

（借方）普通預金	（貸方）職員預り金
200,000	200,000

6

資産・負債・純資産・費用・収益の結びつき

▶資産の増加、資産の減少、負債の増加、負債の減少、純資産の増加、純資産の減少、費用の発生、収益の発生を取引要素といいます。取引要素の結びつきをみてみましょう。

「第2節　仕訳のルール」において、勘定科目を「左」におくか、「右」におくか、資産・負債・純資産・費用・収益の科目によってルールが決まっていることを解説しました。

また「第3節　仕訳の作成手順」において、取引から2つの事実を探し、2つの事実を勘定科目におきかえ、仕訳のルールにしたがって勘定科目を「左」（借方）か、「右」（貸方）に記入することを解説しました。

第4節、第5節では、取引例をもとに仕訳を作成し、資産の増加、負債の減少、費用の発生は（借方）に記入し、資産の減少、負債の増加、収益の発生は（貸方）に記入することをみました。

資産の増加、資産の減少、負債の増加、負債の減少、費用の発生、収益の発生ならびに第4節、第5節の取引例にはありませんでしたが、純資産の増加、純資産の減少のことを「仕訳の取引要素」といいます。

仕訳の取引要素は全部で8つありますが、取引要素の結びつきにはパ

ターンがあり、たとえば、資産の増加と結びつくのは資産の減少、負債の増加、収益の発生の3つになります。

　取引要素の結びつきを知っていると、仕訳の間違いを防ぐのに役立ちますし、取引から事実を1つしか探し当てられないときに、もう1つの取引事実の検出にも役立ちます。
　取引要素の結びつきをみてみましょう。

① 資産増加と結びつく取引要素

② 資産減少と結びつく取引要素

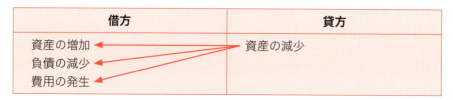

③ 負債増加と結びつく取引要素

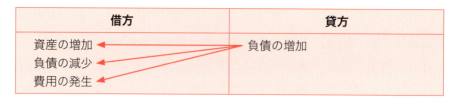

④ 負債減少と結びつく取引要素

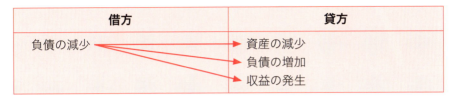

⑤ 純資産増加と結びつく取引要素

借方	貸方
費用の発生 ←	純資産の増加

⑥ 純資産減少と結びつく取引要素

借方	貸方
純資産の減少 ──→	収益の発生

⑦ 費用発生と結びつく取引要素

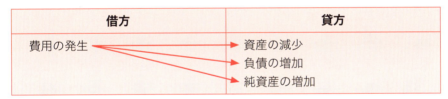

⑧ 収益発生と結びつく取引要素

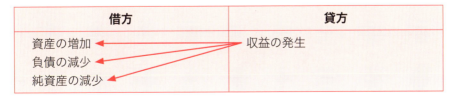

7

資金収支の仕訳

▶資金が増加した時に収入発生の仕訳を作成し、資金が減少した時に支出発生の仕訳を作成します。

　社会福祉法人では、貸借対照表と事業活動計算書を作成する簿記とは別に、資金（現金とは異なります）が増えたか、資金が減ったか、資金を何に使ったか、資金を何によって得たか記録集計して、「資金収支計算書」を作成します。そのための仕訳が資金収支の仕訳です。
　取引から資金の増加あるいは資金の減少をとらえて、資金が増加した時には、収入発生の仕訳を作成し、資金が減った時には、支出発生の仕訳を作成します。なお、資金収支計算書の作成の流れは以下の通りです。

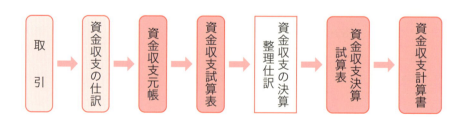

8

資金って何だろう？

▶貸借対照表の流動資産および流動負債のことです。ただし、1年基準により固定資産または固定負債から振り替えられたもの、引当金ならびに棚卸資産（貯蔵品を除く）については、除きます。

　資金収支の仕訳は、資金が増加あるいは減少したときにおこないます。したがって、「資金とは何か？」を知ることが、資金収支の仕訳の、はじめの一歩になります。

　ここで気をつけなければならないのが、資金イコール現金預金ではないという点です。

　現金預金も「資金」に含まれますが、このほかに短期間のうちに回収されて現金預金になる未収金、立替金、有価証券等および短期間のうちに事業活動支出として処理される前払金、仮払金等の流動資産ならびに短期間のうちに現金預金によって決済される未払金、預り金、短期運営資金借入金等および短期間のうちに事業活動収入として処理される前受金等の流動負債も「資金」といいます。

　たとえば、事業でサービスを提供し、料金をその場ではもらわず、後

で受け取る場合、現金預金は増えませんが、「後でお金を受け取る権利」が増えます。この権利も「資金」として扱われます。

また、事業で手付金等を前払することがあります。前金を支払うと現金預金が減りますが、前払金という資産が増加します（121頁、keyword「前払費用」参照）。この前払金も「資金」として扱われます。

負債では、物品を購入したり、サービスの提供を受けて後で支払う場合、現金預金は減りませんが「後でお金を支払う義務」が発生します。
この支払う義務も「資金」（資金から控除する項目）として扱われます。

なお、事業で収入を前受けすると、現金預金が増えますが、前金はサービスを提供するまでは返還義務があるので、収入にはなりません。この場合は、前受金という負債が増加します。
この前受金も「資金」（資金から控除する項目）として扱われます。

「資金」は、貸借対照表における流動資産と流動負債の項目（1年基準で振り替えられたもの、引当金ならびに棚卸資産（貯蔵品を除く）を除く）とされ、固定資産や固定負債は「資金」からはずれます。

積立資産は、銀行預金等ですから、いつでも引き出すことができますし、資産の形態からすれば、流動資産の現金預金と同様ですが、将来に備えて積み立てた蓄え（積立資産）として、支払用の預金から区分したお金なので、社会福祉法人の会計では「資金」からはずれます。
社会福祉法人会計における「資金」は次頁のようにあらわされます。

第 8 章　仕訳をしてみよう

資金残高

資　金	マイナスの資金
流動資産の内、以下の項目	流動負債の内、以下の項目
・現金預金	・後日、お金を支払う義務 （主なもの） 　・短期運営資金借入金 　・事業未払金 　・未払費用 　・預り金 　・職員預り金
	・前金でもらったお金 　・前受金 　・前受収益
・後日、お金を受け取る権利 （主なもの） 　・有価証券 　・事業未収金 　・未収金 　・未収補助金 　・立替金	資金残高
・前金の支払い 　・前払金 　・前払費用	

133

9

資金収支の仕訳のルールって何だろう？

▶資金が増加したときは、「支払資金」を左に書き、資金が減少したときは、「支払資金」を右に書きます。資金と資金の交換は、資金収支の仕訳を作成しません。

前節で、「資金」の範囲には、現金預金のほか、事業未収金あるいは事業未払金等も含まれることを説明しました。

前頁の図における "資金残高" が増加する取引あるいは減少する取引において、資金収支の仕訳を作成します。

社会福祉法人会計では「資金」を「支払資金」という科目であらわし、「支払資金」が増加した時、あるいは減少した時に仕訳を作成します。

「支払資金」の仕訳ルールは、資産科目と同様です。

支払資金のルール
支払資金が増加したときは左側に書く
支払資金が減少したときは右側に書く

支払資金	
増 加	減 少

第8章　仕訳をしてみよう

支払資金の増加は、収入が発生したときに生じます。

⇨　どのような収入があったか明らかにして、収入科目を右側に書きます。

資金収支の仕訳は、以下のようになります。

（借方）支払資金	（貸方）収入

支払資金の減少は、支出が発生したときに生じます。

⇨　どのような支出があったか明らかにして、支出科目を左側に書きます。

資金収支の仕訳は、以下のようになります。

（借方）支出	（貸方）支払資金

資金と資金の交換取引

「資金」の増加と「資金」の減少が同時におきる「資金」と「資金」の交換取引は、資金残高が変わらないため資金収支の仕訳をおこないません。

取引例（15）　小口現金の増加と普通預金の減少

普通預金から 100,000 円引き出して、小口現金に補充しました。

普通預金という資金が 100,000 円減っていますが、小口現金という資金が 100,000 円増えています。

その結果、**資金は増えも減りもしていないので、資金収支の仕訳はおこないません**。

135

10 資金収支仕訳の作成手順をみてみよう

▶取引の結果、資金が増えたか、資金が減ったかみましょう。
資金の増加は（借方）支払資金（貸方）収入
資金の減少は（借方）支出（貸方）支払資金
の仕訳を作成しましょう。

資金収支の仕訳は次のステップで作りましょう。

①　取引の結果、資金が増えたか、資金が減ったか、みましょう。

②　資金の増加・減少の原因を考えましょう。
　「□□したから、資金が増えた、あるいは資金が減った」を読み取りましょう。

③　資金の増加・減少の原因を勘定科目におきかえましょう。

④ 仕訳のルールにしたがって、科目を左（借方）、右（貸方）に書きましょう。

⑤ 勘定科目に金額を記入しましょう。
　左（借方）の金額と右（貸方）の金額は同じ金額になるように書きましょう。

Column

財務システム利用時の会計の流れ

　財務システムを使っている場合は、通常、貸借対照表と事業活動計算書を作成する仕訳を入力すると、自動処理によって資金収支の仕訳が作られます。財務システムによると資金収支の仕訳を作成する手間が省けますが自動処理が必ずしも正しいとはいえないので、人の目で資金収支の仕訳を確認しなければなりません。

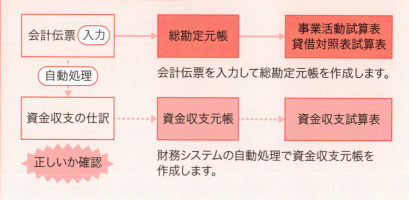

11

資金が増加する仕訳

▶支払資金の増加を借方に記載します。
収入の発生を貸方に記載します。

前節の資金収支仕訳の作成手順にしたがって、会計取引をもとに資金収支仕訳を作成してみましょう。本節では、支払資金が増加する取引の事例をもとに資金収支仕訳（以下、「資金仕訳」という）を作成します。

取引例（16）　現金の増加と収入の発生

現金 100,000 円の寄付を受けました。

① 　資金が増えたか、資金が減ったか、みましょう。
・**「現金の増加」による資金の増加**
② 　資金の増加または減少の原因を考えましょう。
・「□□したから、資金が増えた、あるいは資金が減った」
・「寄付を受けたから、現金が増えた（資金が増えた）」

138

③　勘定科目におきかえましょう。

・「寄付を受けた」は**「経常経費寄附金収入」という収入**

・**「支払資金」の増加**

④　仕訳のルールにあてはめましょう。

支払資金の増加	経常経費寄附金収入の発生
支払資金の増加は（借方）	収入の発生は（貸方）
（借方）支払資金	（貸方）経常経費寄附金収入

⑤　（借方）と（貸方）に同じ金額を書きましょう。

・金額は、100,000

・資金仕訳は、以下のようになります。

（借方）支払資金 　　　　　100,000	（貸方）経常経費寄附金収入 　　　　　100,000

取引例（17）　未収補助金の増加と収入の発生

〇〇市に××事業の補助金を 1,000,000 円請求しました。

①　資金が増えたか、資金が減ったか、みましょう。

・**「補助金を受け取る権利の増加」による資金の増加**

②　資金の増加または減少の原因を考えましょう。

・「□□したから、資金が増えた、あるいは資金が減った」

・「補助金を請求したから、お金を受け取る権利が増えた（資金が増えた）」

③　勘定科目におきかえましょう。

- 「補助金を請求した」は**「補助金事業収入（公費）」という収入**
- **「支払資金」の増加**

④　仕訳のルールにあてはめましょう。

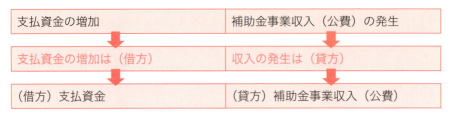

⑤　（借方）と（貸方）に同じ金額を書きましょう。
- 金額は、1,000,000
- 資金仕訳は、以下のようになります。

（借方）支払資金　　　1,000,000	（貸方）補助金事業収入（公費）　　　1,000,000

取引例(18)　設備資金借入金収入と普通預金の増加

　20年を借入期間とする設備資金の借入をおこない、200,000,000円普通預金に振り込まれました。

①　資金が増えたか、資金が減ったか、みましょう。
- **「普通預金の増加」**による資金の増加
- 借入金も増えているが、借入期間が1年を超えており、<u>固定負債になるため、資金は減少しません</u>（第8節『資金って何だろう？』132頁、133頁の図参照）。
- したがって、**資金と資金の交換取引ではありません。**

②　資金の増加または減少の原因を考えましょう。

第8章　仕訳をしてみよう

- ・「□□したから、資金が増えた、あるいは資金が減った」
- ・「借入期間20年の借入をしたから、普通預金が増えた（資金が増えた）」
③　勘定科目におきかえましょう。
- ・「借入期間20年の借入をした」は**「設備資金借入金収入」という収入**
- ・**「支払資金」の増加**
④　仕訳のルールにあてはめましょう。

支払資金の増加	設備資金借入金収入の発生
支払資金の増加は（借方）	収入の発生は（貸方）
（借方）支払資金	（貸方）設備資金借入金収入

⑤　（借方）と（貸方）に同じ金額を書きましょう。
- ・金額は、200,000,000
- ・資金仕訳は、以下のようになります。

（借方）支払資金	（貸方）設備資金借入金収入
200,000,000	200,000,000

141

12

資金が減少する仕訳

▶支払資金の減少を貸方に記載します。
支出の発生を借方に記載します。

　第10節の資金収支仕訳の作成手順にしたがって、資金収支仕訳を作成してみましょう。本節では支払資金が減少する取引例をもとに仕訳を作成します。

取引例（19）　事務消耗品費支出の発生と小口現金支払い

文房具 5,000 円を購入し、小口現金で支払いました。

① 　資金が増えたか、資金が減ったか、みましょう。
・**「小口現金の支払」による資金の減少**
② 　資金の増加または減少の原因を考えましょう。
・「□□したから、資金が増えた、あるいは資金が減った」
・「文房具を買ったから、小口現金が減った（資金が減った）」

第8章　仕訳をしてみよう

③　勘定科目におきかえましょう。

・「文房具を買った」は**「事務消耗品費支出」という支出**

・**「支払資金」の減少**

④　仕訳のルールにあてはめましょう。

事務消耗品費支出の発生	支払資金の減少
支出の発生は（借方）	支払資金の減少は（貸方）
（借方）事務消耗品費支出	（貸方）支払資金

⑤　（借方）と（貸方）に同じ金額を書きましょう。

・金額は、5,000

・資金仕訳は、以下のようになります。

（借方）事務消耗品費支出　　　5,000	（貸方）支払資金　　　　5,000

取引例（20）　給食費支出の発生と事業未払金の増加

給食材料を 500,000 円購入し、代金は後日支払う約束としました。

①　資金が増えたか、資金が減ったか、みましょう。

・代金を後日支払う約束としており、**お金を支払う義務の増加**

　　→　**お金を支払う義務は負の資金（資金の控除項目）**になります。

②　資金の増加または減少の原因を考えましょう。

・「□□したから、資金が増えた、あるいは資金が減った」

・「給食材料を買ったから、お金を支払う義務が発生した（資金が減った）」

143

③ 勘定科目におきかえましょう。
・「給食材料を買った」は **「給食費支出」という支出**
・**「支払資金」の減少**

④ 仕訳のルールにあてはめましょう。

⑤ （借方）と（貸方）に同じ金額を書きましょう。
・金額は、500,000
・資金仕訳は、以下のようになります。

（借方）給食費支出	（貸方）支払資金
500,000	500,000

取引例（21） 前払費用の増加と普通預金の減少

来月分の家賃として 200,000 円、普通預金から支払いました。

① 資金が増えたか、資金が減ったか、みましょう。
・「来月分の家賃」は、**「前払費用」の増加であり資金の増加**になります（第8節「資金って何だろう？」132頁、133頁の図参照）。
・**普通預金の減少は資金の減少**

　⇨　**資金と資金の交換であり、資金収支の仕訳は不要です。**

取引例(22) 支出の発生と前払費用の減少

取引例(21)の前払費用 200,000 円が資産にあがっています。そして翌月をむかえ、前払費用を家賃にかかる支出に振り替えました。

① 資金が増えたか、資金が減ったか、みましょう。
- 翌月になり、前払費用から家賃にかかる支出になったため、**「前払費用」が減少**
  → **前払費用の減少は資金の減少**
② 資金の増加または減少の原因を考えましょう。
- 「□□したから、資金が増えた、あるいは資金が減った」
- 「翌月になって家賃にかかる支出になったから、資金が減った」
③ 勘定科目におきかえましょう。
- 「家賃にかかる支出」は**「土地・建物賃借料支出」という支出**
- **「支払資金」の減少**
④ 仕訳のルールにあてはめましょう。

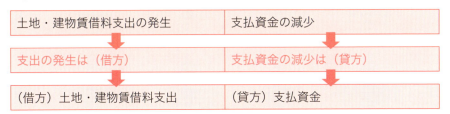

⑤ (借方)と(貸方)に同じ金額を書きましょう。
- 金額は、200,000
- 資金仕訳は、以下のようになります。

(借方) 土地・建物賃借料支出 200,000	(貸方) 支払資金 200,000

取引例（23）　車の購入支出とその他未払金の増加

車を 1,000,000 円で購入し、代金の支払いは後日支払う約束としました。

① 資金が増えたか、資金が減ったか、みましょう。

・代金を後日支払う約束としており、**お金を支払う義務の増加**

　→　**お金を支払う義務は負の資金（資金の控除項目）**

・車が増加しているが、固定資産になるため、資金は増えません（第8節『資金って何だろう？』132頁、133頁の図参照）。

② 資金の増加または減少の原因を考えましょう。

・「□□したから、資金が増えた、あるいは資金が減った」

・「車を買ったから、お金を支払う義務が増えた（資金が減った）」

③ 勘定科目におきかえましょう。

・「車を買った」は**「車輌運搬具取得支出」という支出**

・**「支払資金」の減少**

④ 仕訳のルールにあてはめましょう。

車輌運搬具取得支出の発生	支払資金の減少
支出の発生は（借方）	支払資金の減少は（貸方）
（借方）車輌運搬具取得支出	（貸方）支払資金

⑤ （借方）と（貸方）に同じ金額を書きましょう。

・金額は、1,000,000

・資金仕訳は、以下のようになります。

（借方）車輌運搬具取得支出 1,000,000	（貸方）支払資金 1,000,000

取引例(24) 設備資金借入金の返済支出と普通預金の減少

　設備資金借入金 10,000,000 円を普通預金から返済しました。設備資金借入金は返済期間が 20 年であり、固定負債です。

① 資金が増えたか、資金が減ったか、みましょう。
　・**「普通預金の支払」による資金の減少**
　・設備資金借入金も減っているが、固定負債になるため、資金には影響しません（第8節『資金って何だろう？』132頁、133頁の図参照）。
② 資金の増加または減少の原因を考えましょう。
　・「□□したから、資金が増えた、あるいは資金が減った」
　・「設備資金借入金を返済したから、普通預金が減った（資金が減った）」
③ 勘定科目におきかえましょう。
　・「設備資金借入金を返済」は**「設備資金借入金元金償還支出」**という支出
　・**「支払資金」の減少**
④ 仕訳のルールにあてはめましょう。

⑤ （借方）と（貸方）に同じ金額を書きましょう。
　・金額は、10,000,000
　・資金仕訳は、以下のようになります。

（借方）設備資金借入金元金償還支出 10,000,000	（貸方）支払資金 10,000,000

支払資金の増加・減少と収入・支出の結びつき

　資金収支仕訳における取引要素としては、支払資金の増加、支払資金の減少、収入の発生、支出の発生があげられます。これらの取引要素の結びつきにもパターンがあります。

　資金収支仕訳における取引要素の結びつきをみてみましょう。

① 支払資金の増加と収入の発生

借方	貸方
流動資産・流動負債項目の ・現金・預金の増加 ・お金を受け取る権利の増加 ・前受金・前受収益の減少	収入の発生

② 支払資金の減少と支出の発生

借方	貸方
支出の発生	流動資産・流動負債項目の ・現金・預金の減少 ・お金を支払う義務の増加 ・前払金・前払費用の減少

148

13

仕訳と資金収支仕訳を作成しよう

▶財産が増加し、かつ資金も増加する取引、ならびに財産が減少し、かつ資金も減少する取引は、仕訳と資金仕訳の双方を作成します。

本章第4節および第5節ならびに第11節および第12節における取引例の中には、財産の増加と同時に資金が増加する取引があり、また財産の減少と同時に資金が減少する取引がありました。

このような取引においては、「仕訳」と「資金仕訳」を同時に作成することとなります。取引例をもとに、2仕訳の同時作成をみてみましょう。

取引例（25）　寄付金の受入による現金の増加

現金100,000円の寄付を受けました。

現金の増加は、財産の増加でもあるし、資金の増加でもあります。したがって、仕訳と資金仕訳をおこないます。

仕訳は、以下のようになります。

（借方）現金	（貸方）経常経費寄附金収益
100,000	100,000

資金仕訳は、以下のようになります。

（借方）支払資金	（貸方）経常経費寄附金収入
100,000	100,000

取引例（26）　給食材料の購入による事業未払金の増加

給食材料を 500,000 円購入し、代金の支払いは後日支払う約束としました。

事業未払金の増加は、財産の減少でもあるし、資金の減少でもあります。したがって、仕訳と資金仕訳をおこないます。

仕訳は、以下のようになります。

（借方）給食費	（貸方）事業未払金
500,000	500,000

資金仕訳は、以下のようになります。

（借方）給食費支出	（貸方）支払資金
500,000	500,000

第9章 帳簿と試算表って何?

1 帳簿って何だろう?

2 元帳への転記をみてみよう

3 試算表って何だろう?

4 資金収支元帳と資金収支試算表を作ろう

1

帳簿って何だろう？

▶帳簿とは、勘定科目ごとに用意された帳面であり、仕訳を1件ごとに転記します。
勘定科目ごとに取引額の合計および残高を集計するもので、「元帳」と呼ばれます。

　前章で会計取引から仕訳を作成する手順をみてきました。仕訳作成の次のステップは、会計帳簿の作成です。

　帳簿とはどういうものか。まずは帳簿の内容をみることにしましょう。

　帳簿は次頁のような書式で、勘定科目ごとに用意します。帳簿に、作成した仕訳を転記して、総勘定元帳を作成します。

　仕訳の総勘定元帳への転記は、次節で解説します。

　社会福祉法人会計では、「仕訳帳」と「総勘定元帳」が主要簿とされており、必ず作成しなければなりません。

帳簿の内容

勘定科目名（例：現金）

①	②	③	④	⑤	⑥	⑦
日付	伝票 No.	摘要	相手科目	借方	貸方	残高

① 日付欄：取引の年月日を記入する。

② 伝票 No. 欄：会計伝票 No. を記入する。

③ 摘要欄：取引内容を記入する。

取引内容は「〇月分 〇〇代 ××商店」というように、

取引月、取引内容、取引の相手先を記入する。

④ 相手科目欄：仕訳の相手勘定科目を記入する。

⑤⑥ 借方・貸方欄：仕訳金額を記入する。

⑦ 残高欄：残高を記入する。

2

元帳への転記をみてみよう

▶仕訳に基づいて、元帳に日付・伝票 No.・
摘要・相手科目・仕訳金額を書き写します。

　仕訳に基づいて、前頁の帳簿内容を元帳に記入します。金額は、借方
科目の金額を借方欄に記入し、貸方科目の金額を貸方欄に記入します。

（借方）普通預金	（貸方）借入金
300,000	300,000

普 通 預 金

日付	摘要	相手科目	借方	貸方	残高
・・	銀行借入	借入金	300,000		300,000

借 入 金

日付	摘要	相手科目	借方	貸方	残高
・・	銀行借入	普通預金		300,000	300,000

　次頁で、設例を用いて、仕訳から元帳への転記をみてみましょう。

155

仕訳から元帳への転記

1. 4月1日の、期首残高は、以下のとおりです。
   現金預金　　　　　　　　　　　　20,000
   短期運営資金借入金　　　　　　　15,000
   事業未払金　　　　　　　　　　　　5,000

2. 4月の取引と仕訳は、以下のとおりです。
   ① 4/1 理事長より寄付金を 10,000 受け入れ、普通預金に預け入れた

日付	伝票No.	借方科目	借方金額	貸方科目	貸方金額
4/1	1	現金預金	10,000	経常経費寄附金収益	10,000
摘要		4/1寄付金受入 理事長			

   ② 4/10 事務用品を購入し、普通預金から 1,000 支払った

日付	伝票No.	借方科目	借方金額	貸方科目	貸方金額
4/10	2	事務消耗品費	1,000	現金預金	1,000
摘要		4月分 事務用品 ○○商店			

   ③ 4/20 常勤職員に4月分給料を 12,000 普通預金から支払った

日付	伝票No.	借方科目	借方金額	貸方科目	貸方金額
4/20	3	職員給料	12,000	現金預金	12,000
摘要		4月分給料手当			

   ④ 4/25 3月の給食材料未払金 5,000 を支払った。

日付	伝票No.	借方科目	借方金額	貸方科目	貸方金額
4/25	4	事業未払金	5,000	現金預金	5,000
摘要		3月分 未払金支払い（給食）△△商店			

   ⑤ 4/30 4月の給食材料費 4,500 を事業未払金の増加にした

日付	伝票No.	借方科目	借方金額	貸方科目	貸方金額
4/30	5	給食費	4,500	事業未払金	4,500
摘要		4月分 給食材料費 △△商店			

①～⑤仕訳合計	借方合計	32,500	貸方合計	32,500

第9章　帳簿と試算表って何？

3. 仕訳から元帳に日付・摘要・仕訳金額等を転記します。

現　金　預　金

日付	伝票No.	摘要	相手科目	借方	貸方	残高	
4/1		前期繰越				借	20,000
4/1	1	4/1 寄付金受入 理事長	経常経費寄附金収益	10,000		借	30,000
4/10	2	4月分 事務用品 ○○商店	事務消耗品費		1,000	借	29,000
4/20	3	4月分給料手当	職員給料		12,000		17,000
4/25	4	3月分 未払金支払い（給食）△△商店	事業未払金		5,000	借	12,000
			4月計	10,000	18,000		

短期運営資金借入金

日付	伝票No.	摘要	相手科目	借方	貸方	残高	
4/1		前期繰越				貸	15,000
			4月計	0	0		

事業未払金

日付	伝票No.	摘要	相手科目	借方	貸方	残高	
4/1		前期繰越				貸	5,000
4/25	4	3月分 未払金支払い（給食）△△商店	現金預金	5,000		貸	0
4/30	5	4月分 給食材料費 △△商店	給食費		4,500	貸	4,500
			4月計	5,000	4,500		

経常経費寄附金収益

日付	伝票No.	摘要	相手科目	借方	貸方	残高	
4/1	1	4/1 寄付金受入 理事長	現金預金		10,000	貸	10,000
			4月計	0	10,000		

職員給料

日付	伝票No.	摘要	相手科目	借方	貸方	残高	
4/20	3	4月分 給料手当	現金預金	12,000		借	12,000
			4月計	12,000	0		

給食費

日付	伝票No.	摘要	相手科目	借方	貸方	残高	
4/30	5	4月分 給食材料費 △△商店	事業未払金	4,500		借	4,500
			4月計	4,500	0		

事務消耗費

日付	伝票No.	摘要	相手科目	借方	貸方	残高	
4/10	2	4月分 事務用品 ○○商店	現金預金	1,000		借	1,000
			4月計	1,000	0		

前頁でみた通り、仕訳1件につき、2つの科目の元帳に転記します。最初は、転記が1つもれたり、借方と貸方を誤って転記する間違いもしてしまいますが、仕訳の借方金額を借方に転記し、貸方金額を貸方に転記することが、元帳転記のルールですから慣れていきましょう。

元帳には、1か月間あるいは1年間に作成した仕訳が転記されるため、元帳をみれば、その勘定科目の残高がどういう取引で増えたか、あるいは減ったかがわかります。元帳は、その勘定科目の1か月間あるいは1年間の取引の履歴をあらわします。

Keyword 相手科目

元帳にある「相手科目」とは、仕訳のもう一方の科目のことをいいます。

借方		貸方	
現金預金	10,000円	経常経費寄附金収益	10,000円

この場合、現金の相手科目は、「経常経費寄附金収益」となり、経常経費寄附金収益の相手科目は、「現金」ということになります。

相手科目を転記することによって、現金の元帳において、「経常経費寄附金収益」によって10,000円増えたことがわかります。すなわち、現金が増えた「原因」がわかります。

また、経常経費寄附金収益の元帳において、「現金」が10,000円増えたことがわかります。すなわち、どの財産が増えたのか、取引の「結果」がわかります。

3

試算表って何だろう？

▶元帳から借方合計額、貸方合計額、残高を
転記した勘定科目の合計残高一覧表のことを
いいます。

　元帳転記の次のステップは、試算表の作成です。各勘定科目の元帳に
おいて、毎月、借方合計額、貸方合計額、残高を集計します。
　各勘定科目の元帳から借方合計額、貸方合計額、残高を転記して試算
表を作成します。
　試算表には種類があり、各勘定科目の合計額を借方と貸方で集計した
ものを「合計試算表」、各勘定科目の残高を表したものを「残高試算表」、
その両方を合わせて一覧にしたものを「合計残高試算表」といいます。
　なお、実務で作成されるのは「合計残高試算表」です。

　次頁において、前節の設例で作成した元帳から合計残高試算表を作成
する手順をみてみましょう。

元帳から試算表への転記

1. 前節で作成した4月分の元帳は、以下のとおりです。

現金預金

日付	相手科目	借方	貸方	残高	
4/1	前期繰越			借	20,000
4/1	経常経費寄附金収益	10,000		借	30,000
4/10	事務消耗品費		1,000	借	29,000
4/20	職員給料		12,000	借	17,000
4/25	事業未払金		5,000	借	12,000
	4月計	10,000	18,000		

短期運営資金借入金

日付	相手科目	借方	貸方	残高	
4/1	前期繰越			貸	15,000
	4月計	0	0		

事業未払金

日付	相手科目	借方	貸方	残高	
4/1	前期繰越			貸	5,000
4/25	現金預金	5,000		貸	0
4/30	給食費		4,500	貸	4,500
	4月計	5,000	4,500		

経常経費寄附金収益

日付	相手科目	借方	貸方	残高	
4/1	現金預金		10,000	貸	10,000
	4月計	0	10,000		

職員給料

日付	相手科目	借方	貸方	残高	
4/20	現金預金	12,000		借	12,000
	4月計	12,000	0		

給食費

日付	相手科目	借方	貸方	残高	
4/30	事業未払金	4,500		借	4,500
	4月計	4,500	0		

事務消耗品費

日付	相手科目	借方	貸方	残高	
4/10	現金預金	1,000		借	1,000
	4月計	1,000	0		

第 9 章　帳簿と試算表って何？

2.　元帳に基づいて合計残高試算表を作成します。

合計残高試算表
×1年4月1日～ ×1年4月30日

借方残高	借方合計	前月残高	勘定科目	前月残高	貸方合計	貸方残高
12,000	10,000	20,000	現金預金		18,000	
	0		短期運営資金借入金	15,000	0	15,000
	5,000		事業未払金	5,000	4,500	4,500
			経常経費寄附金収益		10,000	10,000
12,000	12,000		職員給料			
4,500	4,500		給食費			
1,000	1,000		事務消耗品費			
29,500	32,500	20,000		20,000	32,500	29,500

161

前頁のとおり、合計残高試算表は、勘定科目をはさんで、左右に「前月残高」を記入します。

　この時、資産・費用の「前月残高」は、左側に記入し、負債・純資産・収益の「前月残高」は、右側に記入します。

　そして、元帳を作成後、元帳の「借方月計」を試算表の「借方合計」に転記し、元帳の「貸方月計」を試算表の「貸方合計」に転記します。

　また、元帳の「月末残高」を試算表の「借方残高」あるいは「貸方残高」に転記します。

　仕訳から元帳への転記および元帳から試算表への転記が正しいときは、

> 試算表の「借方合計」と「貸方合計」が一致します。
> 前頁の設例では、
> 借方合計 32,500　＝　貸方合計 32,500　となります。

　また、

> 試算表の「借方残高」と「貸方残高」が一致します。
> 前頁の設例では、
> 借方残高 29,500　＝　貸方残高 29,500　となります。

　試算表を作成する本来の目的は、仕訳から元帳への転記の正確性、元帳残高の正確性を点検することにありますが、近年は、月次での財産状態の把握、収益費用の前年比較、収入支出の予算執行状況の把握といった管理目的に活用されるようになりました。

162

資金収支元帳と資金収支試算表を作ろう

▶資金収支の仕訳を資金収支元帳に転記し、資金収支元帳をもとに資金収支試算表を作成します。

　第8章の第7節「資金収支の仕訳」から第12節「資金が減少する仕訳」にかけて解説した通り、社会福祉法人会計では、資金収支の仕訳を作成します。

　次に、作成した資金収支の仕訳にもとづいて資金収支元帳を作成し、資金収支元帳をもとに資金収支試算表を作成します。

　資金収支試算表の作成の流れは、本章第2節から第3節にかけて解説した仕訳 ⇒ 元帳 ⇒ 試算表の流れと同様です。

　本章第2節の設例から資金収支の仕訳を作成し、資金収支元帳への転記、ならびに資金収支試算表の作成までの流れをみてみましょう。

　次頁において、まず資金収支仕訳から資金収支元帳への転記をみてみましょう。

資金収支仕訳から資金収支元帳への転記

1. 4月1日の、期首残高は、以下のとおりです。
   支払資金　　　　　　　0

2. 4月の取引と資金収支仕訳は、以下のとおりです。
   ① 4/10 理事長より寄付金を 10,000 受け入れ、普通預金に預け入れた

日付	伝票No.	借方科目	借方金額	貸方科目	貸方金額
4/1	1	支払資金	10,000	経常経費寄附金収入	10,000
摘要		4/1寄付金受入 理事長			

   ② 4/10 事務用品を購入し、普通預金から 1,000 支払った

日付	伝票No.	借方科目	借方金額	貸方科目	貸方金額
4/10	2	事務消耗品費支出	1,000	支払資金	1,000
摘要		4月分 事務用品 ○○商店			

   ③ 4/20 常勤職員に4月分給料を 12,000 普通預金から支払った

日付	伝票No.	借方科目	借方金額	貸方科目	貸方金額
4/20	3	職員給料支出	12,000	支払資金	12,000
摘要		4月分給料手当			

   ④ 4/25 3月の給食材料未払金 5,000 を支払った。
   　　　資金が増えも減りもしないため、資金収支仕訳なし

   ⑤ 4/30 4月の給食材料費 4,500 を事業未払金の増加にした

日付	伝票No.	借方科目	借方金額	貸方科目	貸方金額
4/30	5	給食費支出	4,500	支払資金	4,500
摘要		4月分 給食材料費 △△商店			

①～⑤資金仕訳合計	借方合計	27,500	貸方合計	27,500

第9章　帳簿と試算表って何？

3. 資金収支仕訳から資金収支元帳に日付・摘要・金額等を転記します。

支払資金

日付	伝票No.	摘要	相手科目	借方	貸方	残高	
4/1		前期繰越				借	0
4/1	1	4/1寄付金受入 理事長	経常経費寄附金収入	10,000		借	10,000
4/10	2	4月分 事務用品 ○○商店	事務消耗品費支出		1,000	借	9,000
4/20	3	4月分給料手当	職員給料支出		12,000	貸	3,000
4/30	5	4月分 給食材料費 △△商店	給食費支出		4,500	貸	7,500
			4月計	10,000	17,500		

経常経費寄附金収入

日付	伝票No.	摘要	相手科目	借方	貸方	残高	
4/1	1	4/1 寄付金受入 理事長	支払資金		10,000	貸	10,000
			4月計	0	10,000		

職員給料支出

日付	伝票No.	摘要	相手科目	借方	貸方	残高	
4/20	3	4月分給料手当	支払資金	12,000		借	12,000
			4月計	12,000	0		

給食費支出

日付	伝票No.	摘要	相手科目	借方	貸方	残高	
4/30	5	4月分 給食材料費 △△商店	支払資金	4,500		借	4,500
			4月計	4,500	0		

事務消耗品費支出

日付	伝票No.	摘要	相手科目	借方	貸方	残高	
4/10	2	4月分 事務用品 ○○商店	支払資金	1,000		借	1,000
			4月計	1,000	0		

続いて、資金収支元帳から資金収支試算表を作成してみましょう。

165

資金収支元帳から資金収支試算表の作成

1. 前頁で作成した4月分の資金収支元帳は、以下のとおりです。

支払資金

日付	伝票No.	相手科目	借方	貸方	残高	
4/1		前期繰越			借	0
4/1	1	経常経費寄附金収入	10,000		借	10,000
4/10	2	事務消耗品費支出		1,000	借	9,000
4/20	3	職員給料支出		12,000	貸	3,000
4/30	5	給食費支出		4,500	貸	7,500
		4月計	10,000	17,500		

経常経費寄附金収入

日付	伝票No.	相手科目	借方	貸方	残高	
4/1	1	支払資金		10,000	貸	10,000
		4月計	0	10,000		

職員給料支出

日付	伝票No.	相手科目	借方	貸方	残高	
4/20	3	支払資金	12,000		借	12,000
		4月計	12,000	0		

給食費支出

日付	伝票No.	相手科目	借方	貸方	残高	
4/30	5	支払資金	4,500		借	4,500
		4月計	4,500	0		

事務消耗品費支出

日付	伝票No.	相手科目	借方	貸方	残高	
4/10	2	支払資金	1,000		借	1,000
		4月計	1,000	0		

第9章　帳簿と試算表って何?

2. 資金収支元帳に基づいて資金収支試算表を作成します。

資金収支試算表
×1年4月1日〜 ×1年4月30日

借方残高	借方合計	前月残高	勘定科目	前月残高	貸方合計	貸方残高
	10,000	0	支払資金		17,500	7,500
			経常経費寄附金収入		10,000	10,000
12,000	12,000		職員給料支出			
4,500	4,500		給食費支出			
1,000	1,000		事務消耗品費支出			
17,500	27,500	0		0	27,500	17,500

167

前頁において、資金収支元帳から転記して資金収支試算表を作成していますが、転記の手順は、第3節における元帳から試算表に転記する手順の説明（162頁5行目）を参照して下さい。

　資金収支仕訳から資金収支元帳への転記、さらに、資金収支試算表への転記が正しいときは、

資金収支試算表の「借方合計」と「貸方合計」が一致します。
前頁の設例では
借方合計 27,500　＝　貸方合計 27,500　となります。

　また、

資金収支試算表の「借方残高」と「貸方残高」が一致します。
前頁の設例では、
借方残高 17,500　＝　貸方残高 17,500　となります。

支払資金残高の内容

　前頁の資金収支試算表をみると「支払資金」の4月30日残高が貸方7,500となっています。
　「支払資金って、お金に似たものじゃなかったっけ？」
　「貸方ってことはお金がマイナス？」と思ったみなさん、鋭いです。

　支払資金残高は、今後の入金予定と出金予定を含んだお金の残高見込ですから、借方残高になるのが普通で、貸方残高になるのは異常事態です。
　それでは、4月30日の支払資金残高▲7,500に関して、財産の状態がどういう状態にあるのか、合計残高試算表をみてみましょう。

第 9 章　帳簿と試算表って何？

合計残高試算表
×1 年 4 月 1 日〜×1 年 4 月 30 日

借方残高	借方合計	前月残高	勘定科目	前月残高	貸方合計	貸方残高
12,000	10,000	20,000	現金預金		18,000	
	0		短期運営資金借入金	15,000	0	15,000
	5,000		事業未払金	5,000	4,500	4,500
			経常経費寄附金収益		10,000	10,000
12,000	12,000		職員給料			
4,500	4,500		給食費			
1,000	1,000		事務消耗品費			
29,500	32,500	20,000		20,000	32,500	29,500

流動資産、流動負債の月末残高に着目すると、

現金預金	12,000	短期運営資金借入金	15,000
		事業未払金	4,500

　　　　　　　　　　　　　　　　　　　　とあります。

流動資産から流動負債を差し引くと

12,000 −（15,000 ＋ 4,500）＝△ 7,500　となり、167 頁の資金
収支試算表における「支払資金」（貸方残高）7,500 と一致します。

　現金預金が 12,000 ありますが、それ以上に、短期運営資金借入金、
事業未払金といった資金から控除する項目（負の資金項目）が合計 19,500
あるため、支払資金残高がマイナスになっていることがわかります。
　支払余力があるかどうかは、現金預金残高だけではわかりません。資
金収支計算書の支払資金残高もあわせて判断します。

第10章　減価償却って何？

1　減価償却って何だろう？

2　減価償却の方法（定額法）

3　減価償却と固定資産の残高

4　減価償却の仕訳をみてみよう

5　補助金をもらった資産の減価償却って何だろう？

6　減価償却費から差し引く補助金の算定方法

7　補助金の事業活動計算書の表示

8　補助金の取崩の仕訳をみてみよう

1

減価償却って何だろう？

▶長期にわたって使用する固定資産の取得価額を使う期間で按分し、固定資産を使うのにかかった費用を算定することです。

社会福祉法人が事業・サービスを提供するには、建物、設備、車、什器備品といった固定資産も必要になります。

たとえば、給食を提供するには、栄養士、調理師、食材、水道光熱費の他、厨房設備が必要です。送迎をするには、車輌が必要です。

事業・サービスを提供するのにかかった費用をあらわす事業活動計算書では、こうした固定資産を使うのにかかった費用をサービス活動の費用にのせます。

ただ、固定資産は、取得した年度と使用する年度が異なるため、人件費、給食費、水道光熱費のようにお金を支払った年度の費用にするのは合理的ではありません。

そこで、社会福祉法人会計では、「減価償却」という方法で、1年あたりの固定資産費用を計算することにしました。

　固定資産は、購入した時にお金が減って、使っている間はお金が減りませんから、最初のうちは、お金が減らないのに費用を計上することに違和感があると思いますが、「固定資産を使うのにお金がかかっているんだ」「固定資産を使うのにかかった費用を計算するのが減価償却なんだ」と念じながら慣れていきましょう。

2

減価償却の方法（定額法）

▶固定資産の取得価額を、固定資産の使用期間
で割って、1年あたりの固定資産費用を計算
する方法です。

それでは、固定資産を使うのにかかった費用を計算してみましょう。

減価償却の方法は何種類かありますが、社会福祉法人では「定額法」
をもちいる法人が多いと思います。

定額法は、固定資産の取得価額を固定資産の使用期間で割って1年当
たりの固定資産費用を計算する方法ですが、固定資産を使う期間が何年
間か、使いはじめた段階ではわかりません。

そこで社会福祉法人会計では、固定資産を使う見込みの期間が何年間
かを調べて、1年あたりの固定資産費用を計算することにしました。

固定資産を使う見込期間としてもちいられるのが、資産の種類・項目
ごとに定められた「耐用年数」というもので、「耐用年数」は、社会福
祉法人に限らず、民間企業でも採用されています。

定額法による減価償却費は、次のように計算されます。

減価償却費　＝　固定資産の取得価額 ÷ 耐用年数

取引例（27）　減価償却費の計算

4月1日に送迎車輌を 3,000,000 円で購入しました。当年度の減価償却費はいくらでしょうか？

一般乗用車の耐用年数は 6 年とされています。したがって使用見込期間は 6 年です。

送迎車輌を使用するのにかかる費用は、
3,000,000 円 ÷ 6 年 ＝ 500,000 円

つまり、減価償却費は、500,000 円です。

3

減価償却と固定資産の残高

▶固定資産の取得価額から減価償却した分を
差し引いて固定資産の残高を計算します。

　固定資産を使用するのにかかった費用として減価償却費を計算します
が、減価償却した分を固定資産の取得価額から差し引いて、固定資産の
残高を計算します。

　実際に固定資産の一部が減ってしまうわけではなく、固定資産の現物
は変わりません。
　会計上の約束事として、固定資産の取得価額から減価償却費を差し引
いて、減価した後の固定資産残高を社会福祉法人の財産として報告する
と思ってください。

車輌運搬具の減価償却と減価した後の車輌運搬具の残高

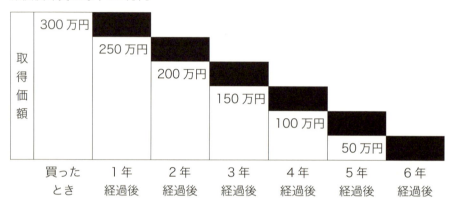

　上記によると、6年を経過した後の固定資産の残高は0円になります。固定資産の残高が0円ですから、会計上は、固定資産を持っていないのと同じになってしまいます。

　しかしながら、現実には6年落ちの車両があって、送迎に使っていますから、固定資産の残高を0円とするのも合理的ではありません。

　そこで社会福祉法人会計では、耐用年数を経過した後も使い続ける固定資産については、備忘価額として1円を残すこととしました。

　上記の事例では、6年目の減価償却費は499,999円（50万円－1円）となり、6年経過後の固定資産残高は1円となります。

減価償却の仕訳をみてみよう

▶固定資産残高から減価償却費を直接控除する方法と、固定資産の取得価額から減価償却費の累計額をマイナス表記して間接控除する方法があります。

減価償却費の計算結果にもとづいて、減価償却の仕訳を作成してみましょう。

取引例（28） 車両の減価償却

4月1日に車を3,000,000円で購入しており、減価償却の仕訳をおこないました。

① 2つの事実を探しましょう。
　・車の減価
② 1つの事実しか見つからないときは、原因を考えましょう。
　・「□□したから、○○が増えた、あるいは○○が減った」
　・「車を使ったから、車の残高が減価した」

③ 勘定科目におきかえましょう。
　・「車を使った」は**「減価償却費」という費用**
　・車は**「車輌運搬具」という資産**
④ 仕訳のルールにあてはめましょう。

⑤ （借方）と（貸方）に同じ金額を書きましょう。
　・金額は、500,000
　・仕訳は、以下のようになります。

（借方）減価償却費　　　　500,000	（貸方）車輌運搬具　　　　500,000

直接控除法と間接控除法

　上記の仕訳では、（貸方）を「車輌運搬具」とするので、仕訳をした後の「車輌運搬具」の残高は、3,000,000円 − 500,000円 = 2,500,000円となります（178頁の図参照）。

　「車輌運搬具」の残高は、減価償却後の残高をあらわします。

　このような仕訳の方法を「直接控除法」といいます。

　「直接控除法」による場合の、貸借対照表の表示は次のようになります。

車輌運搬具　　　　　　　　　　　　　2,500,000

第10章　減価償却って何？

　上記のとおり、「直接控除法」によると減価償却後の残高はわかりますが、車輌を購入した時の金額がわからなくなります。

　車輌を購入した時の金額がわかるようにしつつも、減価償却の仕訳をおこなうためには「車輌運搬具」の代わりに「車輌運搬具減価償却累計額」という科目をもちいます。

　その場合の仕訳は、以下のようになります。

（借方）減価償却費	（貸方）車輌運搬具減価償却累計額
500,000	500,000

　（貸方）を「車輌運搬具減価償却累計額」とするので、仕訳をした後も「車輌運搬具」の残高は、購入したときの金額である3,000,000円のままです。

　このような仕訳の方法を「間接控除法」といいます。

　なお、「間接控除法」による場合の、貸借対照表の表示は以下のようになります。

車輌運搬具	3,000,000	
車輌運搬具減価償却累計額	△500,000	2,500,000

5

補助金をもらった資産の減価償却って何だろう？

▶固定資産の購入時に、購入費の一部を補助してもらったときは、補助の割合に応じて減価償却費の負担を軽減します。

社会福祉法人では、建物を建設するとき、あるいは、車や什器備品等を購入するときに、購入費の一部を補助してもらうことがあります。

固定資産の購入にあたって補助を受けられると、その分、固定資産の取得にかかる自己負担が軽くなります。

減価償却費は、固定資産を使用するのにかかった費用をあらわしますが、補助金を受けている場合には、補助金による軽減分を減価償却費から控除して、法人の自己負担による費用を算定します。

減価償却費	固定資産にかかった費用
	△補助金による軽減
	自己負担

第 10 章　減価償却って何？

　固定資産を購入したときに、いくらの補助金を受けたか、「固定資産管理台帳」をみるとわかります。

固定資産管理台帳
平成×1 年 4 月 1 日〜平成×2 年 3 月 31 日　（単位：千円）

	A	B	C	D	E	F
	取得年月	耐用年数	取得価額	(うち国庫補助)	期首帳簿価額	(うち国庫補助)
建物						
1　建物本体	H19.4	40	210,000	(94,500)	162,750	(73,238)
2　屋根面塗装	H28.4	40	9,000			
3 建物　計			219,000	(94,500)	162,750	(73,238)

G	H	I	J	K	L	M
減価償却費	(うち国庫補助)	減価償却累計額	(うち国庫補助)	期末帳簿価額	(うち国庫補助)	備考
5,250	(2,363)	52,500	(23,625)	157,500	(70,875)	1
225		225		8,775		2
5,475	(2,363)	52,725	(23,625)	166,275	(70,875)	3

　C 列 1、D 列 1 をみると、建物本体の取得価額 210,000 千円にたいして、94,500 千円の補助金を受けていることがわかります。

　建物本体を取得するのに 210,000 千円支払いましたが、補助金を 94,500 千円受けており、法人の自己負担は差引 115,500 千円であったことがわかります。

　上記の建物本体の取得価額に対する補助金割合は、

$$\frac{\text{D 列 1}}{\text{C 列 1}} \ = \ \frac{94,500}{210,000} \ = \ 45\% \ \ \text{となります。}$$

183

6

減価償却費から差し引く補助金の算定方法

▶減価償却費に補助金割合を乗じて、補助金に
よる軽減額を計算します。

前頁の設例によって、減価償却費から控除する補助金額を計算してみ
ましょう。補助金による軽減額は、以下の手順によって算定します。
1. 補助金割合の算定

前頁の末尾における補助金割合算定の解説のとおり、建物本体の補
助金割合は、45％です。
2. 減価償却費の算定

前頁の固定資産管理台帳において、建物本体の取得価額は、C列1
より 210,000 千円です。また耐用年数は、B列1から 40 年です。

定額法の場合、取得価額÷耐用年数＝ 210,000 千円÷ 40 年＝ 5,250 千円
3. 補助金による負担軽減額は、以下のように算定されます。

減価償却費 × 補助金割合＝ 5,250 千円 ×45％＝ 2,363 千円

前頁の固定資産管理台帳では、減価償却費は G 列1に、減価償却
費に対する補助金は H 列1にあらわされます。

補助金の事業活動計算書の表示

▶「減価償却費」の下に、控除する補助金を記載します。

　減価償却費から控除する補助金は、事業活動計算書において「減価償却費」の下に、「国庫補助金等特別積立金取崩額」という科目を設けて、あらわします。183頁の固定資産管理台帳における減価償却費と国庫補助金等特別積立金から、以下のようにあらわされます。

事業活動計算書

勘定科目			当年度決算（A）
サービス活動増減の部	費用	： 減価償却費 国庫補助金等特別積立金取崩額 ：	5,475 △ 2,363

減価償却費は、183頁の固定資産管理台帳のG列3、国庫補助金等特別積立金取崩額は、同じくH列3によっています。

　減価償却費から購入費の補助金を差し引くことを"国庫補助金等の取崩し"といいます。
　そして、"国庫補助金等の取崩し"の科目を「国庫補助金等特別積立金取崩額」といいます。

　第5章第2節「国庫補助金等特別積立金って何だろう？」(71頁参照)において解説したとおり、社会福祉法人会計では、固定資産の購入時に受け取った補助金を、一旦「国庫補助金等特別積立金」という貸借対照表の純資産科目に積み立てます。
　そして、積み立てた「国庫補助金等特別積立金」は、補助金による負担軽減額を収益として表わすために、毎年、減価償却に応じて取り崩すルールとしています。

　では、前頁の設例において、法人負担がどれ位軽減されているでしょうか。
　「国庫補助金等特別積立金取崩額」を「減価償却費」で除すと、固定資産の使用にかかる費用に対して、どれ位補助を受けたかわかります。
　国庫補助金等特別積立金取崩額2,363千円÷減価償却費5,475千円＝43.1％ですので、固定資産の使用にかかる費用に対して、4割強の補助を受けており、その分、法人の負担が軽減されています。

　逆に「減価償却費」から「国庫補助金等特別積立金取崩額」を差し引くと減価償却費にたいする法人の自己負担がいくらだったかわかります。
　減価償却費5,475千円－国庫補助金等特別積立金取崩額2,363千円＝3,112千円ですので、自己負担は、3,112千円となります。

8

補助金の取崩の仕訳をみてみよう

▶純資産科目「国庫補助金等特別積立金」の減少と収益科目「国庫補助金等特別積立金取崩額」の発生の仕訳を行います。

　第6節で解説した減価償却費に対する補助金（184頁参照）にもとづいて、補助金の取崩しの仕訳を作成しましょう。

取引例（29）　建物の減価償却と補助金の取崩

　建物の取得にたいして補助金の交付を受けています。建物の取得価額210,000,000円にたいして、補助金は94,500,000円でした。建物の減価償却費が5,250,000円のとき、補助金の取崩しの仕訳はどのようになりますか。

① 　2つの事実を探しましょう。

・建物の減価償却に伴い、補助金を取崩す。

② 　1つの事実しか見つからないときは、原因を考えましょう。

・「□□したから、○○が増えた、あるいは○○が減った」

・「建物の減価償却に伴い、補助金を取り崩したから国庫補助金等特別積立金が減った」

③　勘定科目におきかえましょう。

・「補助金を取り崩した」は**「国庫補助金等特別積立金取崩額」という収益**

・「補助金の取崩」によって減ったのは**「国庫補助金等特別積立金」という純資産**

④　仕訳のルールにあてはめましょう。

国庫補助金等特別積立金の減少	補助金の取崩収益の発生
純資産の減少（借方）	収益の発生は（貸方）
（借方）国庫補助金等特別積立金	（貸方）国庫補助金等特別積立金取崩額

⑤　（借方）と（貸方）に同じ金額を書きましょう。

・補助金の取崩額は、以下のように算定されます。

・**建物の減価償却費 5,250,000 × 補助金割合 45%（94,500 千円 ÷210,000 千円）＝ 2,362,500 円**

・仕訳は、以下のようになります。

（借方）国庫補助金等特別積立金 2,362,500	（貸方）国庫補助金等特別積立金取崩額 2,362,500

第11章　決算手続きって何？

1　決算手続きって何だろう？
2　主な決算整理仕訳をみてみよう
3　決算書を作ってみよう

1

決算手続きって何だろう？

▶日々の処理を前提にして、正しい決算書（資金収支計算書、貸借対照表、事業活動計算書）を作成するための最終作業です。

　3月の月次試算表を作成後、決算手続きをおこなって決算整理後試算表を作成します。

　決算手続きでおこなう事項は「決算準備作業」と「決算整理作業」といい、その仕訳を「決算整理仕訳」といいます。

　決算準備作業は、日々の処理を見直して仕訳の間違いを修正したり、実物資産の現物確認をしたり、銀行に対して残高証明書を手配したり、取引業者に対して請求書の手配をするなど、決算整理に必要な準備作業になります。

2

主な決算整理仕訳をみてみよう

▶社会福祉法人会計の決算整理でおこなう主な
仕訳をみてみましょう。

決算準備作業と決算整理作業でおこなう仕訳を決算整理仕訳といいます。主な決算整理仕訳をみてみましょう。

（1）未収金と未払金の計上

普段、現金預金の入金時に収入の仕訳をおこなっていたとしても、また支払時に支出の仕訳をおこなっていたとしても、決算時には、資金が増えたときに収入の仕訳をおこない、また資金が減ったときに支出の仕訳をおこなわなければなりません。

すなわち、事業・サービスを提供して、お金を受け取る権利が増えたときに、「事業未収金」を増やす仕訳が必要となります。

また、物品の購入やサービスを受けて、お金を支払う義務が生じたときに、「事業未払金」を増やす仕訳が必要となります。

取引例（30） 事業未収金の増加と収益の発生

3月分の〇〇事業収益を 1,000,000 円請求しました。

① 2つの事実を探しましょう。
　・お金を受け取る権利の増加
② 1つの事実しか見つからないときは、原因を考えましょう。
　・「□□したから、〇〇が増えた、あるいは〇〇が減った。」
　・「〇〇事業収益を請求したから、お金を受け取る権利が増えた」
③ 勘定科目におきかえましょう。
　・お金を受け取る権利は、**「事業未収金」という資産**
　・「〇〇事業収益を請求した」は、**「〇〇事業収益」という収益**
④ 仕訳のルールにあてはめましょう。

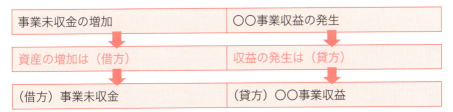

⑤ （借方）と（貸方）に同じ金額を書きましょう。
　・金額は、1,000,000
　・仕訳は、以下のようになります。

（借方）事業未収金　　　1,000,000	（貸方）〇〇事業収益　　　1,000,000

なお、事業未払金の増加と費用の発生の仕訳は取引例（12）（123頁）を参照してください。

（2）固定資産の廃棄

　古くなった固定資産を廃棄したり、引き取ってもらった時は、固定資産の現物がなくなりますから、資産の部から当該固定資産の残高を落帳する仕訳をおこないます。

取引例（31）　固定資産の廃棄による固定資産の減少

　サーバーの入れ替えに伴い、旧サーバーを廃棄しました。旧サーバーの取得価額は 300,000 円、廃棄時の固定資産残高は 30,000 円でした。
　固定資産管理台帳の内容は下記のとおりでした。

固定資産管理台帳
平成×1年4月1日～平成×2年3月31日

（単位：円）

	A 取得年月	B 耐用年数	C 取得価額	D （うち国庫補助）	E 期首帳簿価額	F （うち国庫補助）
その他の固定資産　器具及び備品　サーバー		5	300,000		90,000	
			▲ 300,000			
器具及び備品　計			0	(0)	90,000	(0)

G 減価償却費	H （うち国庫補助）	I 減価償却累計額	J （うち国庫補助）	K 期末帳簿価額	L （うち国庫補助）	M 備考
60,000		270,000		30,000		X2.3月
		▲ 270,000		▲ 30,000		廃棄
60,000	(0)	0	(0)	0	(0)	

194

① 2つの事実を探しましょう。
  ・サーバーという固定資産の減少
② 1つの事実しか見つからないときは、原因を考えましょう。
  ・「□□したから、○○が増えた、あるいは○○が減った」
  ・「サーバーを廃棄したから、固定資産が減少した」
③ 勘定科目におきかえましょう。
  ・「サーバーの廃棄」は、**「器具及び備品売却損・処分損」という費用**
  ・「サーバー」は、**「器具及び備品」という資産**
④ 仕訳のルールにあてはめましょう。

⑤ (借方) と (貸方) に同じ金額を書きましょう。
  旧サーバーの廃棄時の残高は 30,000 円でした。
  なお、実務では固定資産管理台帳によって固定資産が引き取られた時点の残高を調べます。
  本取引例の固定資産管理台帳（以下、「台帳」という）によると、引き取られた時点の固定資産残高は、K列1より 30,000 円です。
  仕訳は、以下のようになります。

| (借方) 器具及び備品売却損・処分損 30,000 | (貸方) 器具及び備品 30,000 |

上記は、直接控除法によって減価償却をしている固定資産にかかる廃棄の仕訳です。
一方、間接控除法によって減価償却をしている場合、固定資産の残高

は取得価額をあらわしており、固定資産の減価償却は「○○減価償却累計額」にあらわされています。間接控除法によっているときは、固定資産の廃棄にかかる仕訳は、次のようになります。

（借方）器具及び備品売却損・処分損 30,000	（貸方）器具及び備品 300,000
器具及び備品減価償却累計額 270,000	

　旧サーバーの取得価額は、台帳ではＣ列１に示されます。間接控除法では（貸方）にサーバーの取得価額を記載します。

　旧サーバーの減価償却累計額は、台帳ではＩ列１に示されます。間接控除法では（借方）にサーバーの減価償却累計額を記載します。

（3）固定資産の減価償却および補助金の取崩

　固定資産の減価償却の仕訳は前章の取引例（28）（179頁）を、補助金の取崩の仕訳は前章の取引例（29）（187頁）を参照してください。

（4）賞与引当金の計上

　賞与の計算期間が当年度から次年度にかけておよぶ場合に、当該賞与の支給見込額のうち、当年度の計算期間に属する部分を当年度の負担として計算し、賞与の負担にかかる「費用」を計上します。

　また、賞与の負担にかかる費用の相手科目として「賞与引当金」という「負債」を計上します。

　賞与は夏と冬の年２回支払われることが多いと思いますが、賞与を支

払った時に預金（資金）が減りますから、資金収支計算において、賞与にかかる支出は、賞与の支払日に計上されます。

しかしながら、賞与支給額の計算にあたっては、賞与の計算期間における勤務実績の有無がかかわってきます。

賞与を計算する期間を賞与支給対象期間と呼びますが、賞与支給対象期間を通じて、勤務実績がある場合に賞与が支給され、勤務実績を欠く場合に、欠勤期間に相当する金額が減額されます。

賞与支給対象期間に勤務実績がなければ、賞与支給日に在職していても賞与が支給されないルールにしていると思われます。

このような賞与支給額の計算方法を前提にすると、賞与の支給にかかる法人の負担は、賞与の支払日に生ずるのではなく、賞与支給対象期間における勤務実績に応じて発生しているといえます。

したがって、賞与にかかる人件費をサービス活動の費用として正しく計上し、法人の負担を明らかにする観点からは、賞与支給対象期間における勤務実績に応じて、次年度の賞与支給額のうち、当年度の期間にかかる部分を当年度の負担として「賞与引当金繰入」に計上することが合理的といえます。

取引例（32）　賞与引当金の繰入れ

次年度の夏期賞与の支給見込額と夏期賞与の支給対象期間は以下の通りでした。夏期賞与の支給見込額のうち、当年度の期間にかかる部分を賞与引当金として算定しました。

夏期賞与の支給見込額と支給対象期間：

　　・次年度の夏期賞与の支給見込額　37,500,000 円

　　・夏期賞与の支給対象期間　12 月 1 日〜翌年 5 月 31 日

① 2つの事実を探しましょう。

　・夏期賞与の支給見込額のうち、当年度の期間にかかる部分の負担

② 1つの事実しか見つからないときは、原因を考えましょう。

　・「□□したから、○○が増えた、あるいは○○が減った」

　・「夏期賞与の支給見込額のうち、当年度の期間にかかる部分があるから、当年度の負担分を費用に計上し、負債も増加した」

③ 勘定科目におきかえましょう。

　・「夏期賞与の支給見込額のうち、当年度の負担分」は、**「賞与引当金繰入」という費用**

　・「費用に計上し、負債も増加」は、**「賞与引当金」という負債**

④ 仕訳のルールにあてはめましょう。

賞与引当金繰入の発生	賞与引当金の増加
費用の発生は（借方）	負債の増加は（貸方）
（借方）賞与引当金繰入	（貸方）賞与引当金

⑤ （借方）と（貸方）に同じ金額を書きましょう。

　本設例における当年度の負担額は、以下のように算定します。

　・夏期賞与の支給対象期間を当年度と次年度に分けます。

夏期賞与の支給対象期間は 12/1 ～ 5/31 なので、6 ヶ月です。

12/1　　　　　　　　　　　3/31　　　　　　　　　　　5/31

当年度の期間	次年度の期間
12/1 ～ 3/31 は、4 ヶ月	4/1 ～ 5/31 は 2 ヶ月

　・夏期賞与の支給見込額を当年度の期間分と次年度の期間分に按分します。

第 11 章　決算手続きって何？

夏期賞与の支給見込額　37,500,000 円
当年度の期間分：37,500,000 円 ×(4 ヶ月 ÷6 ヶ月)＝ 25,000,000 円
次年度の期間分：37,500,000 円 ×(2 ヶ月 ÷6 ヶ月)＝ 12,500,000 円

当年度の期間分 25,000,000 円が、当年度の負担額です。

仕訳は、以下のようになります。

（借方）賞与引当金繰入 　　　　　25,000,000	（貸方）賞与引当金 　　　　　25,000,000

(5)　1 年基準の適用

　固定負債にあがっている設備資金借入金のうち、次年度に返済期日が到来する金額を固定負債から流動負債に振り替えます。

　貸借対照表の流動比率で説明したように、法人の短期安全性をみるために、1 年以内に支払う債務を流動負債にのせる必要があるからです。

　設備資金借入金の他、リース債務、長期未払金等も同様に振り替えます。

　また、固定資産にあがっている長期貸付金も同様です。

取引例（33）　設備資金借入金の 1 年基準の適用

　固定負債にあがっている設備資金借入金の残高 80,000,000 円の内、次年度に返済期日を迎える 8,000,000 円を流動負債に振り替えました。

① 2つの事実を探しましょう。

・固定負債の「設備資金借入金」の減少と流動負債の「1年以内返済予定設備資金借入金」の増加

② 仕訳のルールにあてはめましょう。

負債の減少は（借方）	負債の増加は（貸方）
（借方）設備資金借入金	（貸方）1年以内返済予定設備資金借入金

③ （借方）と（貸方）に同じ金額を書きましょう。

・金額は、8,000,000

・仕訳は、以下のようになります。

（借方）設備資金借入金 8,000,000	（貸方）1年以内返済予定設備資金借入金 8,000,000

(6) 積立資産の積み立てと積立金の積み立て

事業活動計算書において当期末繰越活動増減差額にその他の積立金取崩額を加算して余剰が生じている場合には、その範囲内で、将来の特定の目的のために積立金を積み立てることができます。なお、積立金を積み立てる際は、同額の積立資産を積み立てることとされています。

取引例（34）　積立資産の積み立てと普通預金の減少

普通預金 10,000,000 円を修繕積立資産に積み立てました。

① 2つの事実を探しましょう。

・修繕積立資産の増加と普通預金の減少

第11章 決算手続きって何？

② 勘定科目におきかえましょう。

・**「修繕積立資産」という資産**

・**「普通預金」という資産**

③ 仕訳のルールにあてはめましょう。

修繕積立資産の増加	普通預金の減少
資産の増加は（借方）	資産の減少は（貸方）
（借方）修繕積立資産	（貸方）普通預金

④ （借方）と（貸方）に同じ金額を書きましょう。

・金額は、10,000,000

・仕訳は、以下のようになります。

（借方）修繕積立資産	（貸方）普通預金
10,000,000	10,000,000

続いて資金収支の仕訳もみてみましょう。

① 資金が増えたか、資金が減ったか、みましょう。

・普通預金の減少による資金の減少。

→ 積立資産が増えているが、積立資産は固定資産であるため、資金は増えていません。

② 資金の増加または減少の原因を考えましょう。

・「□□したから、資金が増えた、あるいは資金が減った」

・「修繕積立資産に積み立てたから、資金が減った」

③ 勘定科目におきかえましょう。

・「修繕積立資産に積み立てた」は**「修繕積立資産支出」という支出**

201

・「支払資金」の減少

③ 仕訳のルールにあてはめましょう。

④ （借方）と（貸方）に同じ金額を書きましょう。
　・金額は、10,000,000
　・仕訳は、以下のようになります。

| （借方）修繕積立資産支出 10,000,000 | （貸方）支払資金 10,000,000 |

取引例(35)　積立金の積み立て

修繕積立資産の増加に合わせて、修繕積立金を積み立てました。積立額は 10,000,000 円。

① 2つの事実を探しましょう。
　・修繕積立金の増加
② 1つの事実しか見つからないときは、原因を考えましょう。
　・「□□したから、○○が増えた、あるいは○○が減った」
　・「修繕積立金を積み立てたから、修繕積立金が増加した」
③ 勘定科目におきかえましょう。
　・「修繕積立金を積み立てた」は、**「修繕積立金積立額」**という繰越活動増減差額の部の科目

・「修繕積立金」は純資産の科目

④ 仕訳のルールにあてはめましょう。

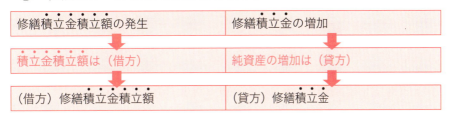

⑤ （借方）と（貸方）に同じ金額を書きましょう。
　・金額は、10,000,000
　・仕訳は、以下のようになります。

（借方）修繕積立金積立額　10,000,000	（貸方）修繕積立金　10,000,000

(6) 積立資産の取崩しと積立金の取崩し

取引例(36)　積立資産の取崩しと普通預金の増加

　建物の塗装工事代金の支払いに充てるために修繕積立資産 9,000,000 円を取崩し、普通預金に振り替えた。

① 2つの事実を探しましょう。
　・普通預金の増加と修繕積立資産の減少
② 勘定科目におきかえましょう。
　・「普通預金」という資産
　・「修繕積立資産」という資産
③ 仕訳のルールにあてはめましょう。

普通預金の増加	修繕積立資産の減少
↓	↓
資産の増加は（借方）	資産の減少は（貸方）
↓	↓
（借方）普通預金	（貸方）修繕積立資産

④ （借方）と（貸方）に同じ金額を書きましょう。

・金額は、9,000,000

・仕訳は、以下のようになります。

（借方）普通預金	（貸方）修繕積立資産
9,000,000	9,000,000

続いて資金収支の仕訳もみてみましょう。

① 資金が増えたか、資金が減ったかみましょう。

・普通預金の増加による資金の増加。

・積立資産が減っているが、積立資産は固定資産であるため、資金は減っていません。

② 資金の増加または減少の原因を考えましょう。

・「□□したから、資金が増えた、あるいは資金が減った」

・「修繕積立資産を取り崩して普通預金に振り替えたから、資金が増えた」

③ 勘定科目におきかえましょう。

・「修繕積立資産を取り崩して」は、**「修繕積立資産取崩収入」**という収入

・**「支払資金」**の増加

④ 仕訳のルールにあてはめましょう。

第11章　決算手続きって何？

支払資金の増加	修繕積立資産取崩収入の発生
支払資金の増加は（借方）	収入の発生は（貸方）
（借方）支払資金	（貸方）修繕積立資産取崩収入

⑤　（借方）と（貸方）に同じ金額を書きましょう

・金額は、9,000,000

・資金仕訳は、以下のようになります。

（借方）支払資金 　　　　　9,000,000	（貸方）修繕積立資産取崩収入 　　　　　9,000,000

取引例(37)　積立金の取崩し

　修繕積立資産の取崩に合わせて、修繕積立金を取り崩しました。取崩額は 9,000,000 円。

①　2つの事実を探しましょう。

・修繕積立金の減少

②　1つの事実しか見つからないときは、原因を考えましょう。

・「□□したから、○○が増えた、あるいは○○が減った」

・「修繕積立金を取り崩したから、修繕積立金が減少した」

③　勘定科目におきかえましょう。

・「修繕積立金を取り崩した」は、**「修繕積立金取崩額」という繰越活動増減差額の部の科目**

・**「修繕積立金」は純資産の科目**

④　仕訳のルールにあてはめましょう。

205

修繕積立金の減少	修繕積立金取崩額の発生
純資産の減少は（借方）	積立金取崩額は（貸方）
（借方）修繕積立金	（貸方）修繕積立金取崩額

⑤ （借方）と（貸方）に同じ金額を書きましょう。

　　・金額は、9,000,000

　　・仕訳は、以下のようになります。

（借方）修繕積立金	（貸方）修繕積立金取崩額
9,000,000	9,000,000

3

決算書を作ってみよう

▶決算整理仕訳を追加して決算試算表を作成し、貸借対照表および事業活動計算書を作成します。また、資金収支の決算整理仕訳を追加して資金収支決算試算表を作成し、資金収支計算書を作成します。

　前節で、社会福祉法人会計でおこなう主な決算整理仕訳をみてきました。いよいよ第7章第2節より解説してきた「決算書作成までの流れ」の最終ステップである決算書の作成手続きです。

貸借対照表と事業活動計算書の作成

　3月末の試算表に決算整理仕訳を追加して「決算試算表」を作成します。
　決算書は、**決算試算表から資産・負債・純資産を抽出して「貸借対照表」を作成し、収益と費用を抽出して「事業活動計算書」を作成します。**
　次頁の設例によって、まず3月末の試算表に決算整理仕訳を追加して、決算試算表を作成する流れをみてみましょう。続いて、決算試算表から決算書を作成する流れをみてみましょう。

3月末の試算表に決算整理仕訳を追加して決算試算表を作成

1. 3月末の試算表　残高
    次頁における決算試算表の前月残高欄に記載のとおりです。

2. 決算整理仕訳は、以下のとおりです。
    (1) 建物の減価償却
    (2) 建物の減価償却に対応する国庫補助金の取崩
    (3) 修繕積立資産の積立て
    (4) 修繕積立金の積立て

(1) 建物の減価償却を1,500おこなった

日付	伝票No.	借方科目	借方金額	貸方科目	貸方金額
決算	1	減価償却費	1,500	建　　物	1,500

(2) 建物の減価償却に対応する国庫補助金の取崩を900おこなった

日付	伝票No.	借方科目	借方金額	貸方科目	貸方金額
決算	2	国庫補助金等特別積立金	900	国庫補助金等特別積立金取崩額	900

(3) 普通預金から修繕積立資産へ600積み立てた

日付	伝票No.	借方科目	借方金額	貸方科目	貸方金額
決算	3	修繕積立資産	600	現金預金	600

(4) 修繕積立金を600積み立てた

日付	伝票No.	借方科目	借方金額	貸方科目	貸方金額
決算	4	修繕積立金積立額	600	修繕積立金	600

第11章　決算手続きって何？

決算試算表
×1年決算月

借方残高	借方合計	前月残高	勘定科目	前月残高	貸方合計	貸方残高
900		1,500	現金預金		600	
3,500		3,500	事業未収金			
58,500		60,000	建　物		1,500	
600	600		修繕積立資産			
			短期運営資金借入金	1,100		1,100
			事業未払金	2,400		2,400
			基本金	24,000		24,000
	900		国庫補助金等特別積立金	36,000		35,100
			修繕積立金		600	600
			○○事業収益	20,000		20,000
14,000		14,000	職員給料			
3,000		3,000	給食費			
1,500		1,500	事務消耗品費			
1,500	1,500		減価償却費			
△900			国庫補助金等特別積立金取崩額		900	
600	600		修繕積立金積立額			
83,200	3,600	83,500		83,500	3,600	83,200

注意事項：本設例では仕訳と決算試算表のみ示していますが、実務上は、仕訳から元帳に転記し、元帳をもとに決算試算表を作成します。

決算試算表から決算書を作成

1. 決算試算表は以下のとおりです。

決算試算表
×1年決算月

借方残高	借方合計	前月残高	勘定科目	前月残高	貸方合計	貸方残高
900		1,500	現金預金		600	
3,500		3,500	事業未収金			
58,500		60,000	建　　物		1,500	
600	600		修繕積立資産			
			短期運営資金借入金	1,100		1,100
			事業未払金	2,400		2,400
			基本金	24,000		24,000
	900		国庫補助金等特別積立金	36,000		35,100
			修繕積立金		600	600
			○○事業収益	20,000		20,000
14,000		14,000	職員給料			
3,000		3,000	給食費			
1,500		1,500	事務消耗品費			
1,500	1,500		減価償却費			
△900			国庫補助金等特別積立金取崩額		900	
600	600		修繕積立金積立額			
83,200	3,600	83,500		83,500	3,600	83,200

210

第 11 章 決算手続きって何？

2. 貸借対照表及び事業活動計算書を作成します。

貸借対照表
×2年3月31日現在

勘定科目	金額	勘定科目	金額
現金預金	900	短期運営資金借入金	1,100
事業未収金	3,500	事業未払金	2,400
建物	58,500	負債合計	3,500
修繕積立資産	600	基本金	24,000
		国庫補助金等特別積立金	35,100
		修繕積立金	600
		次期繰越活動増減差額	300
		（うち当期活動増減差額）	(900)
		純資産合計	60,000
資産合計	63,500	負債・純資産合計	63,500

事業活動計算書
平成×1年4月1日～平成×2年3月31日

勘定科目			金額
収益	○○事業収益		20,000
費用	職員給料		14,000
	給食費		3,000
	事務消耗品費		1,500
	減価償却費		1,500
	国庫補助金等特別積立金取崩額		△900
	費用合計		19,100
当期活動増減差額			900
修繕積立金積立額			600
次期繰越活動増減差額			300

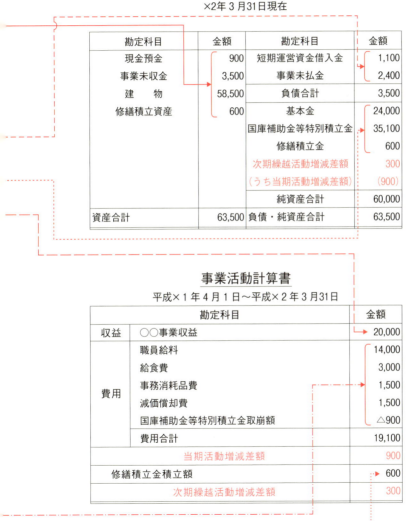

211

決算書のうち、貸借対照表と事業活動計算書を作成できました。

貸借対照表において、資産から負債・純資産を差し引いて、次期繰越活動増減差額が算定されます。

前頁の貸借対照表において、資産合計 63,500 から負債合計 3,500、基本金 24,000、国庫補助金等特別積立金 35,100、修繕積立金 600 の合計 63,200 を差し引いて、次期繰越活動増減差額は 300 と算定されます。

また、事業活動計算書において、収益から費用を差し引いて当期活動増減差額を算定します。前頁の事業活動計算書において、○○事業収益 20,000 から費用合計 19,100 を差し引いて当期活動増減差額は 900 と算定されます。

なお、当期活動増減差額を貸借対照表の次期繰越活動増減差額の下に、"(うち当期活動増減差額)" として内書きします。

事業活動計算書の末尾（繰越活動増減差額の部）

事業活動計算書の末尾には、繰越活動増減差額の部があり、次期繰越活動増減差額を以下の手順によって算定します。まず、当年度の収益と費用の差額である「当期活動増減差額」に、「前期繰越活動増減差額」を加え、「当期末繰越活動増減差額」を算定します。

続いて、「当期末繰越活動増減差額」に「基本金の取崩額」「その他の積立金の取崩額」を加え、「その他の積立金積立額」を差し引いて「次期繰越活動増減差額」を算定します。

前頁の事業活動計算書において、当期活動増減差額 900 から修繕積立金積立額 600 を差し引いて、次期繰越活動増減差額が 300 と算定されます。

第11章　決算手続きって何？

貸借対照表　　　　　　　　　　　事業活動計算書

| 流動資産 | 流動負債 |
| | 固定負債 |

基本金

国庫補助金等特別積立金

その他の積立金

次期繰越活動増減差額（うち当期活動増減差額）

固定資産　純資産

一致

費用　　　収益

（当期活動増減差額）

次期繰越活動増減差額

前期繰越活動増減差額

基本金取崩額

その他の積立金積立額　　その他の積立金取崩額

資金収支計算書の作成

　３月末の資金収支試算表に、資金収支の決算整理仕訳を追加して資金収支決算試算表を作成します。

　そして、資金収支決算試算表から資金収支計算書を作成します。

　次頁の設例によって、まず３月末の資金収支試算表に資金収支の決算整理仕訳を追加して、資金収支決算試算表を作成する流れをみてみましょう。続いて、資金収支決算試算表から資金収支計算書を作成する流れをみてみましょう。

3月末の資金収支試算表に資金収支の決算整理仕訳を追加して資金収支決算試算表を作成

1. 3月末の資金収支試算表　残高
   次頁における資金収支決算試算表の前月残高欄に記載のとおりです。

2. 決算整理仕訳は、以下のとおりです。
   1. 修繕積立資産の積立て

   普通預金から修繕積立資産へ600積み立てた。

日付	伝票No.	借方科目	借方金額	貸方科目	貸方金額
決算	3	修繕積立資産支出	600	支払資金	600

資金収支決算試算表から資金収支計算書を作成

資金収支決算試算表
×1年決算月

借方残高	借方合計	前月残高	勘定科目	前月残高	貸方合計	貸方残高
900		1,500	支払資金		600	
			○○事業収入	20,000		20,000
14,000		14,000	職員給料支出			
3,000		3,000	給食費支出			
1,500		1,500	事務消耗品費支出			
600	600		修繕積立資産支出			
20,000	600	20,000		20,000	600	20,000

214

第11章 決算手続きって何？

資金収支決算試算表
×1年決算月

借方残高	借方合計	前月残高	勘定科目	前月残高	貸方合計	貸方残高
900		1,500	支払資金		600	
			○○事業収入	20,000		20,000
14,000		14,000	職員給料支出			
3,000		3,000	給食費支出			
1,500		1,500	事務消耗品費支出			
600	600		修繕積立資産支出			
20,000	600	20,000		20,000	600	20,000

注意事項：本設例では仕訳と決算試算表のみ示していますが、実務上は、仕訳から元帳に転記し、元帳をもとに決算試算表を作成します。

資金収支計算書
平成×1年4月1日〜平成×2年3月31日

勘定科目		金額
収入	○○事業収入	20,000
支出	職員給料支出	14,000
	給食費支出	3,000
	事務消耗品費支出	1,500
	修繕積立資産支出	600
	支出合計	19,100
	当期資金収支差額合計	900
	前期末支払資金残高	0
	当期末支払資金残高	900

資金収支計算書を作成できました。これで社会福祉法人会計における3つの目的を達成するために必要な決算書をすべて作成できました。
　資金収支計算書においては収入と支出の差額から「当期資金収支差額合計」を算定します。
　前頁の資金収支計算書において、○○事業収入20,000と支出合計19,100の差額から当期資金収支差額合計は900と算定されます。

資金収支計算書の末尾（当期末支払資金残高）

　資金収支計算書において、前年度の決算における当期末支払資金残高が繰り越されており、前期末支払資金残高としてあらわされています。
　前期末支払資金残高に当期資金収支差額合計を加えて、当期末支払資金残高が算定されます。

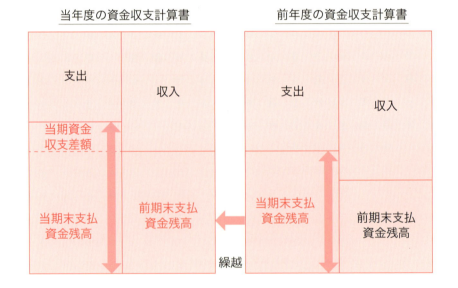

　当期末支払資金残高は、いわゆる繰越金とよばれるもので、使い途が

第 11 章　決算手続きって何？

決まっていない資金がいくらあるかをあらわします。

　当期末支払資金残高は、貸借対照表における流動資産の資金項目と流動負債の資金項目の差額と一致します。前頁の資金収支計算書の当期末支払資金残高と、前述の貸借対照表との関係は以下の通りです。

資金収支計算書（抜粋）
平成×1年 4 月 1 日〜平成×2年 3 月31日

勘定科目	金額
⋮	⋮
当期資金収支差額合計	900
前期末支払資金残高	0
当期末支払資金残高	900

貸 借 対 照 表（抜粋）
平成×2年 3 月31日現在

勘定科目	金額	勘定科目	金額
現金預金	900	短期運営資金借入金	1,100
事業未収金	3,500	事業未払金	2,400
流動資産・資金計	4,400	流動負債・資金計	3,500

流動資産の資金項目と流動負債の資金項目の差額　　4,400－3,500＝900

一致

217

第12章　決算書をみてみよう

1　資金収支計算書をみてみよう

2　事業活動計算書をみてみよう

3　貸借対照表をみてみよう

1

資金収支計算書をみてみよう

▶収支差額が黒字か赤字かみてみましょう。
また収入項目・支出項目の予算対比をおこない、予算通りにすすまなかった項目については、何が原因であったのか、課題が何か明確にしましょう。

　前章において、決算整理仕訳をもとに決算試算表を作成し、決算書を作成するまでの流れを解説しました。

　本章では、社会福祉法人会計基準による決算書の一部を例示し、決算書から①資金収支の内容（資金収支計算書）②純資産の増減の内容（事業活動計算書）③財産の状態（貸借対照表）をどのように読むか、作成した決算書の見方を解説します。

　社会福祉法人会計基準では、法人全体の決算書のほか、事業区分別の決算内訳表、拠点区分別の決算内訳表、施設・事業所の決算書を作成しますが、ここでは施設・事業所で作成する決算書を例示します。

　それぞれの決算書において、財務分析の観点から決算書の見方をコメントしていますので参考にして下さい。

221

なお、本章では、社会福祉法人会計基準にしたがって、3種類の決算書を、

① 資金収支計算書（第1号第4様式）
② 事業活動計算書（第2号第4様式）
③ 貸借対照表（第3号第4様式）　　の順に示しています。

資金収支計算書は、資金収支の内容を明らかにした決算書です。すなわち、どのような支出内容にいくらの資金を支払ったか、また事業において、どのような収入内容でいくらの資金が入金されたかをあらわします。

資金収支計算書は3つに区分されており、当該区分において事業活動による資金収支差額、施設整備等による資金収支差額、その他の活動による資金収支差額を算定します。これらの資金収支差額を合計したものが当期資金収支差額合計です。当期資金収支差額合計に前期末支払資金残高を加えて当期末支払資金残高を算定します。

当期末支払資金残高は、使途の決まっていない資金残高であり、主に事業活動支出等の経常的に発生する資金支出に充てられます。資金繰りの観点からは、事業活動支出の3ヶ月分に相当する資金残高があれば困らないだろうと見込まれます。

決算書を見る時は、まず収支差額に着目し、黒字か、赤字か、みます。次に、決算が予算を上回ったか、下回ったか、みます。続いて、決算が予算を上回った原因・下回った原因は何か、収入項目・支出項目の予算対比によって明らかにします。

さらに、収入項目・支出項目について、予算通りにすすまなかったのは何が原因であったかを明らかにし、その原因に課題がみられる時は、解決策を検討します。

第12章 決算書をみてみよう

○○園資金収支計算書

第1号第4様式

○○園拠点区分　資金収支計算書
自　平成×1年4月1日　　至　平成×2年3月31日

A	B	C	D	E	F	G	
		勘定科目	予算(A)	決算(B)	差異(A)−(B)	備考	
		保育事業収入	463,000	463,000	0		1
		委託費収入	270,000	270,000	0		2
		その他の事業収入	193,000	193,000	0		3
		補助金事業収入	193,000	193,000	0		4
	収入	借入金利息補助金収入	840	840	0		5
		経常経費寄附金収入	100	200	△100		6
		受取利息配当金収入	100	100	0		7
		その他の収入	1,450	1,300	150		8
		利用者等外給食費収入	1,300	1,200	100		9
		雑収入	150	100	50		10
		事業活動収入計(1)	465,490	465,440	50		11
事業活動による収支		人件費支出	386,200	384,650	1,550		12
		職員給料支出	260,000	259,000	1,000		13
		職員賞与支出	76,000	76,000	0		14
		退職給付支出	3,700	3,650	50		15
		法定福利費支出	46,500	46,000	500		16
		事業費支出	44,850	44,480	370		17
		給食費支出	23,000	22,800	200		18
		保育材料費支出	8,100	8,000	100		19
		水道光熱費支出	8,250	8,200	50		20
	支出	消耗器具備品費支出	5,500	5,480	20		21
		事務費支出	9,900	9,850	50		22
		修繕費支出	3,400	3,400	0		23
		業務委託費支出	5,500	5,450	50		24
		保険料支出	1,000	1,000	0		25
		支払利息支出	840	840	0		26
		その他の支出	1,300	1,200	100		27
		利用者等外給食費支出	1,300	1,200	100		28
		事業活動支出計(2)	443,090	441,020	2,070		29
		事業活動資金収支差額(3)=(1)−(2)	22,400	24,420	△2,020		30

223

		勘定科目	予算(A)	決算(B)	差異(A)-(B)	備考	
施設整備等による収支	収入	施設整備等補助金収入	1,000	1,000	0		31
		施設整備等補助金収入	1,000	1,000	0		32
		施設整備等寄附金収入	800	800	0		33
		設備資金借入金元金償還寄附金収入	800	800	0		34
		施設整備等収入計(4)	1,800	1,800	0		35
	支出	設備資金借入金元金償還支出	8,000	8,000	0		36
		固定資産取得支出	12,100	11,000	1,100		37
		建物取得支出	10,000	9,000	1,000		38
		構築物取得支出	2,100	2,000	100		39
		施設整備等支出計(5)	20,100	19,000	1,100		40
		施設整備等資金収支差額(6)=(4)-(5)	△18,300	△17,200	△1,100		41
その他の活動による収支	収入	積立資産取崩収入	10,600	10,550	50		42
		退職給付引当資産取崩収入	600	550	50		43
		修繕積立資産取崩収入	10,000	10,000	0		44
		その他の活動収入計(7)	10,600	10,550	50		45
	支出	積立資産支出	8,600	8,600	0		46
		退職給付引当資産支出	3,600	3,600	0		47
		人件費積立資産支出	5,000	5,000	0		48
		拠点区分間繰入金支出	100	100	0		49
		その他の活動支出計(8)	8,700	8,700	0		50
		その他の活動資金収支差額(9)=(7)-(8)	1,900	1,850	50		51
予備費支出(10)			5,000	—	4,000		52
			△1,000				53
当期資金収支差額合計(11)=(3)+(6)+(9)-(10)			2,000	9,070	△7,070		54
前期末支払資金残高(12)			59,200	59,200	0		55
当期末支払資金残高(11)+(12)			61,200	68,270	△7,070		56

（注）予備費支出△1,000は修繕費支出に充当使用した額である。

224

第12章　決算書をみてみよう

資金収支計算書の見方

① 事業活動資金収支差額は、黒字か？赤字か？

・事業活動資金収支差額（E30）は 24,420 であり、黒字でした。

> **POINT** 赤字の時は、事業で受け取ったお金で事業のために支払ったお金
> をまかなえていないので、その原因を調査し、解決策を検討します。

② 事業活動資金収支差額は、予算に比べて増えたか？減ったか？

・予算（D30）は 22,400 であり、決算（E30）は 24,420 ですから、事
業活動資金収支差額の決算は予算を 2,020 上回っています。

> **POINT** 予算を上回った原因、下回った原因は何か、収入項目、支出項目
> の予算対比によって明らかにします。

　主な要因は、人件費支出（F12）で 1,550、内訳は、職員給料支出（F13）
で 1,000、法定福利費支出（F16）で 500 の予算執行残があったこと、
事業費支出（F17）で 370、内訳は給食費支出（F18）で 200、保育材料
費支出（F19）で 100 の予算執行残があったことがあげられます。収入
は、ほぼ予算通りですから、支出が全般的に予算を下回ったことが、事
業活動資金収支差額を増やした原因であるとわかります。

　それでは、職員給料支出、法定福利費支出が予算を下回ったのは何故
でしょうか？　職員の確保が予定通りにすすまなかったからでしょう
か？　もし、そうならば、職員の確保という課題がみえてきます。課題
の解決に向けて何をすべきか、検討が必要です。

③ 施設整備等資金収支差額は、黒字か？赤字か？

・施設整備等資金収支差額（E41）は、△ 17,200 であり赤字でした。

> **POINT** 施設整備等資金収支差額の赤字は、施設整備にかかる自己資金を
> 意味します。

④ 施設整備等資金収支差額の赤字は、事業活動資金収支差額、積立資産取崩収入によって、まかなわれているか？

・事業活動資金収支差額（E30）は 24,420、積立資産取崩収入（E42）は 10,550 であり、合計で 34,970 である。施設整備等資金収支差額（E41）は、△ 17,200 であるから、事業活動による収支差額および積立資産の取崩しによって、施設設備にかかる自己資金をまかなえています。

> **POINT** 計画的な資金計画の観点から、施設整備等資金収支差額（E41）
> の赤字は、事業活動資金収支差額（E30）、積立資産取崩収入
> （E42）によってまかなわれることがすすめられます。

⑤ その他の活動資金収支差額は、黒字か？赤字か？

・その他の活動資金収支差額（E51）は、1,850 であり黒字でした。

⑥ 当期資金収支差額合計は、黒字か？赤字か？

・当期資金収支差額合計（E54）は 9,070 であり、黒字でした。

> **POINT** 赤字の時は、当年度の資金収入で当年度の資金支出をまかなえて
> いないので、その原因を調査し、今後の資金繰りがおびやかされ
> る事態の時は、解決策を検討します。

第 12 章　決算書をみてみよう

⑦　当期末支払資金残高と事業活動支出計
　・当期末支払資金残高（E56）は 68,270 でした。事業活動支出計（E29）
　　が 441,020 であることから、1 ヶ月あたりの事業活動支出計は、
　　441,020 ÷ 12 ヶ月 = 36,751 と算定され、3 ヶ月分の事業活動支出計
　　は、36,751 × 3 ヶ月 = 110,253 と算定されます。
　・資金繰りの観点からは、当期末支払資金残高が、事業活動支出計の
　　3 ヶ月分あれば困らないと見込まれますが、本設例では、当期末支
　　払資金残高（E56）は、68,270 であり、下回っています。
　　　当期末支払資金残高が、1 ヶ月あたりの事業活動支出計を大幅に
　　上回っているので、通常月であれば資金繰りに困らないと見込まれ
　　ますが、賞与の支払いや設備資金借入金の返済等、不定期な支払い
　　があるときは、資金不足になるおそれがあります。
　・資金収支計算書の収入には、今後の入金が含まれます。また支出に
　　は、今後の支払が含まれています。したがって、収支差額ならびに
　　当期末支払資金残高は、未収金が入金され、未払金等を支払った後
　　に、お金がいくら残る見込みなのか、今後の見込み金額をあらわし
　　ています。

2

事業活動計算書をみてみよう

▶増減差額が黒字か赤字かみてみましょう。また収益項目・費用項目の前年対比をおこない、前年度との差額原因を分析しましょう。前年度との差額分析を通じて課題が検出されたときは解決策を検討しましょう。

　事業活動計算書は純資産の増減の内容を明らかにした決算書です。すなわち、事業の実施にあたって何の費用がいくらかかったか、また事業の実施によってどのような収益がいくら計上されたか、収益によって費用がまかなわれ、採算がとれているか否かをあらわします。

　事業活動計算書は4つに区分されており、①サービス活動による増減差額、②サービス活動外による増減差額を算定し、両者を合計して「経常増減差額」を算定します。さらに③特別増減項目による増減差額を算定し、経常増減差額と合計して「当期活動増減差額」を算定します。④事業活動計算書の末尾において、「次期繰越活動増減差額を算定します。

　決算書は、増減差額に着目し、黒字か、赤字か、みます。次に、増減差額が前年度に比べて増えたか、減ったか、みます。続いて、増減差額が前年度に比べて増えた原因・減った原因は何か、収益項目・費用項目の前年対比によって明らかにします。さらに、収益項目・費用項目の前

228

第 12 章　決算書をみてみよう

年対比を通じて課題が検出されたときは、解決策を検討します。

○○園事業活動計算書

第 2 号第 4 様式

○○園拠点区分　事業活動計算書

自　平成×1年4月1日　至　平成×2年3月31日

A	B	C 勘定科目		D 当年度決算(A)	E 前年度決算(B)	F 増減(A)−(B)	
サービス活動増減の部	収益		保育事業収益	463,000	455,000	8,000	1
			委託費収益	270,000	265,000	5,000	2
			その他の事業収益	193,000	190,000	3,000	3
			補助金事業収益	193,000	190,000	3,000	4
			経常経費寄附金収益	200	0	200	5
			その他の収益	100	100	0	6
		サービス活動収益計(1)		463,300	455,100	8,200	7
	費用		人件費	388,700	384,400	4,300	8
			職員給料	259,000	257,500	1,500	9
			職員賞与	52,000	51,500	500	10
			賞与引当金繰入	25,000	24,000	1,000	11
			退職給付費用	6,700	6,400	300	12
			法定福利費	46,000	45,000	1,000	13
			事業費	44,480	42,900	1,580	14
			給食費	22,800	21,800	1,000	15
			保育材料費	8,000	7,200	800	16
			水道光熱費	8,200	8,000	200	17
			消耗器具備品費	5,480	5,900	△ 420	18
			事務費	8,950	8,150	800	19
			修繕費	3,400	2,800	600	20
			業務委託費	5,450	5,250	200	21
			保険料	100	100	0	22
			減価償却費	15,175	14,810	365	23
			国庫補助金等特別積立金取崩額	△ 5,728	△ 5,678	△ 50	24
		サービス活動費用計(2)		451,577	444,582	6,995	25
	サービス活動増減差額(3)＝(1)−(2)			11,723	10,518	1,205	26

229

A	B		C	D 当年度決算(A)	E 前年度決算(B)	F 増減(A)−(B)	
			勘定科目	当年度決算(A)	前年度決算(B)	増減(A)−(B)	
サービス活動外増減の部	収益		借入金利息補助金収益	840	920	△80	27
			受取利息配当金収益	100	90	10	28
			その他のサービス活動外収益	1,200	1,100	100	29
			利用者等外給食収益	1,200	1,100	100	30
			サービス活動外収益計(4)	2,140	2,110	30	31
	費用		支払利息	840	920	△80	32
			その他のサービス活動外費用	1,200	1,100	100	33
			利用者等外給食費	1,200	1,100	100	34
			サービス活動外費用計(5)	2,040	2,020	20	35
	サービス活動外増減差額(6)=(4)−(5)			100	90	10	36
	経常増減額(7)=(3)+(6)			11,823	10,608	1,215	37
特別増減の部	収益		施設整備等補助金収益	1,000	0	1,000	38
			施設整備等寄附金収益	800	800	0	39
			設備資金借入金元金償還寄附金収益	800	800	0	40
			固定資産受贈額	200	0	200	41
			特別収益計(8)	2,000	800	1,200	42
	費用		基本金組入額	800	800	0	43
			固定資産売却損・処分損	30	0	30	44
			国庫補助金等特別積立金取崩額(除却等)	△15	0	△15	45
			国庫補助金等特別積立金積立額	1,000	0	1,000	46
			拠点区分間繰入金費用	100	90	10	47
			特別費用計(9)	1,915	890	1,025	48
	特別増減差額(10)=(8)−(9)			85	△90	175	49
	当期活動増減差額(11)=(7)+(10)			11,908	10,518	1,390	50
繰越活動増減差額の部	前期繰越活動増減差額(12)			29,022	23,504	5,518	51
	当期末繰越活動増減差額(13)=(11)+(12)			40,930	34,022	6,908	52
	その他の積立金取崩額(15)			10,000	0	10,000	53
	修繕積立金取崩額			10,000	0	10,000	54
	その他の積立金積立額(16)			5,000	5,000	0	55
	人件費積立金積立額			5,000	5,000	0	56
	次期繰越活動増減差額(17)=(13)+(14)+(15)−(16)			45,930	29,022	16,908	57

① サービス活動増減差額は黒字か？赤字か？

・当年度決算のサービス活動増減差額（D26）は 11,723 であり黒字でした。

第12章　決算書をみてみよう

> **POINT**　赤字の場合は、サービス活動収益によってサービス活動費用をまかなえていないので、その原因を調査し、経常的要因による時は、解決策を検討します。

② サービス活動増減差額は、前年度より増えたか？減ったか？
　・サービス活動増減差額の前年度決算（E26）は10,518であり、前年度より1,205（F26）増えています。

③ サービス活動増減差額が増加した主な要因は何か？
　・主な要因は収益の増加であり、保育事業収益（F1）が8,000増えています。一方、費用の内訳、人件費（F8）が4,300、事業費（F14）が1,580、事務費（F19）が800増えており、費用も増加しましたが、収益の増加が、費用の増加を上回ったため、サービス活動増減差額が増加しました。

> **POINT**　前年度より増えた原因、減った原因は何か、収益項目、費用項目の前年対比によって明らかにします。

　続いて、収益項目・費用項目の増減が、どうして生じたのか、原因を分析します。たとえば、収益の増加は、利用率が上がった、費用の増加は、ベースアップにより職員給料が増えた、野菜価格の上昇により給食費が増えた、保育材料を過剰に消費していたなど、事業活動の分析を行います。その中で、検出された課題に対しては、解決策を検討します。

④ 経常増減差額は、黒字か？赤字か？
　・経常増減差額（D37）は11,823であり黒字でした。

231

> **POINT** 経常増減差額は、経常的な活動による採算性をあらわします。

⑤ 特別増減差額は、黒字か？赤字か？
・特別増減差額（D49）は 85 であり、黒字でした。

> **POINT** 特別増減差額は、臨時的な要因による損益や、過年度の会計処理の修正による損益を含むので、特別増減差額が多額な時は、「その他の特別収益」あるいは「その他の特別損失」の取引の内容を調査します。なかでも、過年度の会計処理の修正については、再発防止を検討することも必要となります。

⑥ 当期活動増減差額は、黒字か？赤字か？
・当期活動増減差額（D50）は 11,908 であり、黒字でした。

> **POINT** 赤字の場合は、当年度の収益で当年度の費用をまかなえていないので、採算がとれていない状態といえます。赤字の原因が、当年度の特殊事情によるものなのか、それとも経常的な要因によるものなのか調査し、経常的な要因による場合は、解決に向けた検討をおこないます。

⑦ 当期活動増減差額
・前年度より増えたか？減ったか？
・当期活動増減差額の前年度決算（E50）は 10,518 であり、前年度より 1,390（F50）増えている。

3

貸借対照表をみてみよう

▶ 流動資産が流動負債を上回っているかみて
みましょう。
現金預金残高を資金収支計算書の事業活動
支出と比較してみましょう。

　貸借対照表は財産の状態を明らかにした決算書です。すなわち、保有
する資産の内容とその残高、負っている負債の内容とその残高を明らか
にして、純財産がいくらか算定します。

　純財産の部において、これまでの事業活動の成果であるその他の積立
金および次期繰越活動増減差額の残高をあらわします。

　貸借対照表の資産の部及び負債の部は、1年基準によって流動資産・
流動負債と固定資産・固定負債に区分します。

　決算書をみるときは、流動資産が流動負債を上回っているかみます。
また、現金預金残高が、事業活動支出の何ヶ月分に相当するか計算し、
資金繰りをみることもすすめられます。さらに、その他の積立金の残高
を目標積立額と比較することもすすめられます。

○○園貸借対照表

○○園拠点区分

平成×2年

A	B	C	D	
資産の部				
勘定科目	当年度末	前年度末	増減	
流動資産	79,170	70,300	8,870	1
現金預金	77,220	69,000	8,220	2
事業未収金	150		150	3
未収金		100	△100	4
未収補助金	1,800	1,200	600	5
固定資産	465,235	469,340	△4,105	6
基本財産	297,275	299,750	△2,475	7
土地	100,000	100,000	0	8
建物	196,275	198,750	△2,475	9
定期預金	1,000	1,000	0	10
その他の固定資産	167,960	169,590	△1,630	11
建物	1,000	1,200	△200	12
構築物	6,900	5,500	1,400	13
器具及び備品	160	890	△730	14
ソフトウェア	0	2,000	△2,000	15
退職給付引当資産	34,000	30,000	4,000	16
人件費積立資産	55,000	50,000	5,000	17
修繕積立資産	70,000	80,000	△10,000	18
長期前払費用	900		900	19
資産の部合計	544,405	539,640	4,765	20

第 12 章　決算書をみてみよう

第 3 号第 4 様式

貸借対照表

3 月 31 日

	E	F	G	H	
負債の部					
勘定科目		当年度末	前年度末	増減	
流動負債		43,900	43,100	800	21
事業未払金		3,600	3,500	100	22
1 年以内返済予定設備資金借入金		8,000	8,000	0	23
未払費用		6,000	6,500	△500	24
職員預り金		1,200	1,100	100	25
拠点区分間借入金		100		100	26
賞与引当金		25,000	24,000	1,000	27
固定負債		106,000	110,000	△4,000	28
設備資金借入金		72,000	80,000	△8,000	29
退職給付引当金		34,000	30,000	4,000	30
負債の部合計		149,900	153,100	△3,200	31
純資産の部					
基本金		136,000	135,200	800	32
国庫補助金等特別積立金		87,575	92,318	△4,743	33
その他の積立金		125,000	130,000	△5,000	34
人件費積立金		55,000	50,000	5,000	35
修繕積立金		70,000	80,000	△10,000	36
次期繰越活動増減差額		45,930	29,022	16,908	37
（うち当期活動増減差額）		(11,908)	(10,518)	(1,390)	38
純資産の部合計		394,505	386,540	7,965	39
負債及び純資産の部合計		544,405	539,640	4,765	40

235

① 流動資産と流動負債の比較

・流動資産（B1）は 79,170 であり、流動負債（F21）は 43,900 であることから、流動資産が流動負債を上回っています。

> **POINT** 流動負債は支払う義務がいくらかをあらわし、流動資産は、支払能力がいくらかをあらわします。流動資産が流動負債を上回っていることがもとめられます。

② 現金預金残高と事業活動支出の比較

・当年度末の現金預金（B2）は 77,220 でした。資金収支計算書より事業活動支出（E29）が 441,020 であることから、1 ヶ月あたりの事業活動支出は、441,020 ÷ 12 ヶ月 = 36,751（A）と算定されます。

・現金預金残高を（A）で除すと、現金預金残高が、事業活動支出の何ヶ月分に相当するか計算できます。

・現金預金残高（B2）77,220 ÷（A）= 2.1 ヶ月

> **POINT** 賞与の支払いなど不定期な支払があるときの資金繰りも考慮すると、3 ヶ月程度が望ましいと考えられるところです。

③ その他の積立金残高

・当年度末のその他の積立金（F34）は 125,000 であり、前年度末（G34）は 130,000 であるから、前年度末に比べて減っています。

・その他の積立金は、将来の人件費の増加、あるいは大規模修繕や建替資金のための備えであり、将来の特定支出に備えて計画的な積立てがもとめられます。積立金の目標積立額を設定し、当年度末の残高を目標積立額と比べて、計画的な積立てができているか検討することもすすめられます。

おわりに

本書を最後まで読んでいただき、ありがとうございます。

皆さんの社会福祉法人会計に対する疑問は解決しましたか？

社会福祉法人会計特有の細かな処理や、一見意味がないと思われる処理も「どうしてその会計処理をするようになったのか」あるいは「会計処理をすることで何がわかるようになるのか」、会計処理の意味を知ると「ああ必要なんだな」「ああ大事なことやっているんだな」って思えますし、身につくようになります。

本書をきっかけにして、みなさんが社会福祉法人会計に興味をもてるようになり、決算書から法人の財務状態を読みとれるようになっていただけたら幸いです。

〔執筆者〕

馬場　充（公認会計士）

1995年6月より、社会福祉法人の会計指導、会計研修の講師に従事し、20年余にわたり、社会福祉法人会計の専門家として会計指導、会計監査、内部統制の支援、研修・講演、執筆などを通して、幅広く社会福祉法人会計に携わる。

2015年に明神監査法人を設立し、社員に就任した。

日本公認会計士協会 非営利業務支援専門部会 社会福祉法人分科会長

日本公認会計士協会 公会計協議会 社会保障専門部会 専門委員

著書として『新会計基準による区市町村社会福祉協議会の会計実務』（共著、東京都社会福祉協議会）、『介護イノベーション』（共著、第一法規）がある。

明神監査法人

社会福祉法人を中心とした非営利法人会計・監査への貢献を掲げ、社会福祉法人の会計監査を中心におこなう監査法人として、2015年に設立。

社員が社会福祉法人の会計業務支援、研修業務に従事してきた経験を活かし、社会福祉法人に対して高品質のサービスを提供するほか、社会福祉法人の役職員、行政担当者、会計専門家等に向けて社会福祉法人会計並びに監査の啓蒙を行い、社会福祉法人に対する会計・監査の充実をはかっている。

最適なサービスは何かを常に創造し、実直・勤勉・柔軟性を備えた専門家集団として、会計監査を提供する。

〒104-0033　東京都中央区新川1丁目8番6号 秩父ビルディング2階

問合せ　E-mail：info@myojin.or.jp

ＵＲＬ　http://myojin.or.jp/

はじめに これだけは知っておきたい!!
社会福祉法人会計の「基本」

| 2017 年 7 月 20 日 | 初版第 1 刷発行 |
| 2023 年 6 月 30 日 | 初版第 8 刷発行 |

発　行　公益財団法人　**公益法人協会**

〒113-0021　東京都文京区本駒込2丁目27番15号
TEL　03-3945-1017（代表）
　　　03-6824-9875（出版）
FAX　03-3945-1267
URL　http://www.kohokyo.or.jp

©2017
Printed in Japan

印刷・製本　三美印刷株式会社

本書を無断複写（コピー）は、著作権法上の例外を除き、禁じられています。
営利目的で使用される場合は、当協会へご連絡ください。

ISBN978-4-906173-84-6

MEMO